近百家企事业单位
"员工健康关怀计划"推荐读物

员工健康手册

(第三版)

刘忠杰　李晓燕 ◎ 编著

50余个职场健康问题高发区，近100种解除健康隐患的小妙招，专家帮助我们科学有效地管理好自己的身心健康！

人民日报出版社

图书在版编目（CIP）数据

员工健康手册 / 刘忠杰，李晓燕编著. -- 北京：人民日报出版社，2018.2

ISBN 978-7-5115-5220-4

Ⅰ.①员… Ⅱ.①刘…②李… Ⅲ.①职工-保健-手册 Ⅳ.①R161-62

中国版本图书馆 CIP 数据核字（2018）第 000341 号

书　　名：	**员工健康手册**
作　　者：	刘忠杰　李晓燕
出 版 人：	董　伟
责任编辑：	刘天一
封面设计：	陈国风
出版发行：	人民日报出版社
地　　址：	北京金台西路 2 号
邮政编码：	100733
发行热线：	（010）65369527　65369846　65369509　65369510
邮购热线：	（010）65369530　65363527
编辑热线：	（010）65369844
网　　址：	www.peopledailypress.com
经　　销：	新华书店
印　　刷：	北京德富泰印务有限公司
开　　本：	710mm×1000mm　　1/16
字　　数：	185 千字
印　　张：	13.5
印　　次：	2018 年 6 月第 1 版　　2018 年 6 月第 1 次印刷
书　　号：	ISBN 978-7-5115-5220-4
定　　价：	39.80 元

前言 Preface

什么是健康？

健康是指一个人在身体、精神和社会等方面都处于一种十分和谐、优良的状态。世界卫生组织给出的解释是：健康不仅指一个人身体没有出现疾病或虚弱现象，还包括心理健康和社会适应能力良好的状态。通俗地说，也就是从内到外、从身体到心理，都达到一种和谐而良好的状态，这才是真正的健康。

健康的重要性，似乎不用多说，人人都明白健康是一切的前提和基础。身体是革命的本钱，健康是事业的基础，也是财富、梦想、爱情、婚姻……人生的基础！没有健康就没有一切，没有健康，梦想永远都只能是梦想，即使你已经拥有的，也终将不再属于你！所以，没有健康是万万不行的。

健康如此重要，但还是有许多人不重视，不把健康当回事，有的员工还停留在老观念上，认为没有生病我就是健康的。殊不知，真等到生病的时候一切都太迟了。健康不是一朝一夕的事情，而是天长日久、长期呵护的结果。要想保持健康，就要掌握一定的健康知识，并把这些知识运用到日常的生活中去。

健康知识，是一个宽泛的概念，大到最新的高精尖医学发明和发现，小到韭菜的营养价值和对健康的影响，都是健康知识的范畴。要想把所有的健康知识都学习掌握，对于普通员工来说是很难的。所以我们只是挑选了一些在员工的工作和生活中常见的、基础性的、必须学会和懂得的知识，以简洁浅显的文字，通俗易懂的阐释，向员工做了基本的介绍，以期传达健康知识，提升员工的健康意识，真正关注自己的健康，并努力达到、保持健康状态，使员工能够健康生活，快乐工作，享受幸福的人生。

第一章 科学饮食,快乐工作,营养是保障

俗话说"民以食为天",因为食物是生命得以延续的前提,也是健康的重要基石。要快乐工作,充足的营养是基本的前提和保障。

1. 职场人要注意健康饮食·002
2. 三餐要得当,保持充沛精力·005
3. 上午十点,补充能量·007
4. 加班很晚,记得补充营养·009
5. 上班族喝水更要讲科学·010
6. 职场应酬族的饮食宜忌·013

第二章 劳逸结合,工作再紧张休息不能忘

工作是实现人生价值的手段,休息是保障足够精力的条件,高效率的工作需要足够的休息。"工作狂"并不值得提倡和学习,只有会休息的人才能把工作做得更好。

1. 工作要努力，更要多休息·016

2. 不要让自己"过度疲劳"·019

3. 上班族更要重视睡眠·024

4. 科学睡眠，提升工作活力·027

5. 早睡早起，精神百倍·032

6. 保证午休半小时，下午工作不再累·035

7. 加班熬夜要科学"补觉"·038

8. 注意睡姿，睡姿不对越睡越累·040

9. 营造睡眠环境，轻松入睡·042

10. 克服睡眠障碍，摆脱失眠困扰·044

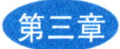第三章 职场运动新主张，科学合理更健康

　　运动不是简单的跑步做操，运动也不是心血来潮时挥汗如雨，忙碌时就草草了事或是完全不动，科学、合理、恒久的运动才是维护健康的好方式。

1. 运动要科学，办公族运动要诀·050

2. 选择最适合自己的运动方式·054

3. 合理安排自己的运动量·056

4. 多去户外，不要过分迷恋健身房·059

5. 每天坚持运动最少30分钟·062

6. 坐着也能运动的"懒人锻炼法"·066

7. 上班族，做做护眼操·068

8. 午休时间5分钟锻炼法·071

9. 避开运动误区，防范运动损伤·074

第四章 打造健康心态，好心态才有好身体

心态决定健康，健康保障心态，这是一个良性的循环，好心态带来好身体，好身体使工作更出色，而工作一出色心态必然更好，身体也会更好。所以，谈健康，不调整心态是不行的。

1. 积极的心态是健康的保障·080
2. 放下包袱，适时减压·082
3. 控制情绪，怒气伤身更伤人际关系·087
4. 不与他人争高低，不为名利伤身体·091
5. 向职场焦虑说再见·094
6. 走出自卑的泥沼，自信面对工作·097
7. 少一点抱怨，多一点健康·100
8. 培养多种爱好，缓解心理紧张·103
9. 别太计较，淡定的人生更从容·106
10. 乐观起来，微笑面对生活·110

第五章 把握健康细节，警惕办公室里的健康隐患

魔鬼就在细节里，健康同样在细节里。办公室是最重要的工作场所，不重视办公场所的健康细节，健康也就是一句空话。消除办公场所中的健康隐患，改变不良的习惯，养成细节处的健康好习惯，做一个健康、快乐的职场人。

1. 别让电脑伤害你的双眼·114
2. 适当动一动，预防"久坐症"·117
3. 女员工别忘备一双舒服的平底鞋·121
4. 加湿器用得不对也损健康·123

5. 最容易忽视的办公室环境卫生·125

6. 复印机也会伤身体·128

7. 你可能不知道的电话机健康隐患·130

8. 办公室养花草，养不对也为"患"·132

第六章　重视出差健康，出差在外健康常在

　　在家千般好，出门万事难。出差不仅辛苦，途中情况也是千变万化，一不小心就会威胁到我们的健康。掌握出差健康要领，把握住出差健康的关键要点，保障出差健康，才能做到工作、健康两不误。

1. 最有用的出差健康指南·136

2. 出行必备品，别忘急救箱·139

3. 晕车、晕机、晕船，这样搞定·141

4. 重视出差途中的饮食·143

5. 高原反应不能轻视·145

6. "水土不服"的缓解绝招·148

7. 出差"认床"怎么办·150

8. 野外防虫必知·152

9. 旅途中的美容保养技巧·155

10. 健康"倒时差"的方法·157

第七章　警惕职业伤害，注意防范新型职业病

　　工作是人生的需要，是我们的职责和使命。但工作同样也会对我们的健康造成一定的伤害。了解自己的职业，了解相关的职业病知识，认真做好防范，远离职业伤害是维护健康的重

要内容。

1. 提高防护意识，加强职业防护·162
2. 办公室要注意防辐射·164
3. 粉尘环境尤其要戴好口罩·166
4. 有毒环境作业要防中毒·168
5. 密闭工作环境伤害健康·170
6. 夜班员工要警惕"神经衰弱"·173
7. 脊椎问题已成白领一族的头号"职业病"·175
8. 警惕"过劳肥"·177
9. 重视那些缠人的"白领综合征"·180

第八章 及时防病治病，做健康活力的职场达人

职场人不仅要工作，更要健康地工作。健康需要精心呵护、用心维护才能拥有。这就需要我们要有高度的防病意识，无病早防，有病早治，把健康危害消灭于萌芽之中，确保身体健康，从而自由自在游刃于职场。

1. 经常体检，了解自己的身体状况·186
2. 在办公室备点常用药·189
3. 应酬太多要警惕脂肪肝·191
4. 饮食不规律及早防胃病·193
5. 远离"富贵病"·196
6. 重视办公室流感的预防·198
7. 高温天气防中暑·201
8. 有病别拖，小病一拖成大病·204

第一章

科学饮食，快乐工作，营养是保障

俗话说"民以食为天"，因为食物是生命得以延续的前提，也是健康的重要基石。要快乐工作，充足的营养是基本的前提和保障。

亦茶亦水，储蓄健康、为幸福加分。

1. 职场人要注意健康饮食

职场如战场，职场人每天奔走拼搏，完成大量的工作，高质量的饮食无疑是重要保障。

2016年5月，《中国居民膳食指南（2016）》（以下简称膳食指南）发布，由一般人群膳食指南、特定人群膳食指南和核心推荐三个部分组成。新版膳食指南针对2岁以上的所有健康人群提出6条核心推荐，分别为：食物多样，谷类为主；吃动平衡，健康体重；多吃蔬果、奶类、大豆；适量吃鱼、禽、蛋、瘦肉；少盐少油，控糖限酒；杜绝浪费，兴新食尚。那么，在生活中我们需要注意哪些问题呢？

(1) 食不厌杂，多样搭配

传统饮食观念常说"食不厌杂"，实际上就是食物多样化的理念，也就是食物种类要多，吃得要杂。为什么？因为人类食物种类繁多，各种食物所含的营养成分各不相同，每种食物所提供的营养都是不全面的，所以全面的营养必须由多种食物组成，这样才能满足人体各种营养需求，达到合理营养、促进健康的目的。这个"杂"不仅指食物的种类要多，还指跨度要大，属性要远，比如有米有面还不行，还得有蔬菜、水果、肉类，各种各样配着吃才行。

(2) 谷物为主，粗细搭配

除了要杂，搭配时还要讲究粗细混合搭配，而且以谷物为主，更有利于健康。谷类为主是平衡膳食的基本保证。谷类有粗粮有细粮，这就需要我们在吃的时候注意粗细的搭配。

粗粮泛指没有经过精加工的所有五谷。由于加工简单，粗粮中保存了许多细粮中没有的营养。比如，含碳水化合物比细粮要低，含膳食纤维较多，并且富含 B 族维生素。但别认为粗粮好处这么多就光吃粗粮，那肯定是不行的，粗粮吃多了同样对身体不利，最重要的是两点，第一会导致便秘，因为膳食纤维吸水性很强，致使大便干燥，这样使身体里的毒素排不出去，使毒素被身体重新吸收。第二会严重影响矿物质的吸收。因为膳食纤维与矿物质形成复合物而影响吸收。所以一定要粗细搭配着吃。

（3）荤素搭配，膳食均衡

膳食要合理，营养要均衡，荤素一定要搭配着吃。素食含纤维素多，抑制锌、铁、铜等重要微量元素的吸收，含脂肪过少。常吃素，危害儿童发育（特别是脑发育），导致少女月经初潮延迟或闭经，也致成年人身体消瘦，营养不良。荤食也不可过量，高脂肪与心脏病、乳腺癌、卒中（中风）等的因果关系早有定论。所以，荤素平衡才是健康饮食。我们每天要摄入充足的蛋白质、脂肪、碳水化合物、矿物质、维生素和膳食纤维等营养物质，要保证这些食物比例适当，分量合宜，而且酸碱平衡。

（4）营养搭配，热量平衡

食物的营养功用是通过它所含有的营养成分来实现的，这些有效成分就叫营养素，包括蛋白质、脂肪、碳水化合物（又称糖类）、维生素、矿物质（微量元素）以及水和食物纤维。已知人体必需的物质约有 50 种左右，而现实没有一种食品能按照人体所需的数量和所希望的适宜配比提供营养素。因此，为了满足营养的需要，必须摄取多种多样的食品，找出最有益并且可口的食品配比。经验证明，健康人按照科学建议数量摄入营养素，未见营养缺乏症。膳食所提供的营养（热量和营养素）和人体所需的营养恰好一致，即人体消耗的营养与从食物中获得的营养达成平衡，就是营养平衡。

（5）三餐搭配，保证营养

职场人大多很忙，而且熬夜加班的情况也常见得很。因而常常三餐不按时，要么是不吃早饭，要么晚上熬夜加班了很晚才吃饭，而且三餐安排不合理，营养不均衡，长期这样，也会影响健康的。故而合理安排一日三餐的时间及食量，进餐定时定量，对于职场员工来说，是相当重要的。

职场人每天都很辛苦，保证充足的营养尤其要注意蔬菜与水果的摄入。但吃水果也有讲究，不能只挑自己喜欢的吃，坚持每天至少吃五种以上的水果为好。大部分水果的营养价值都很高，多吃水果，不仅可以缓解疲劳，补充水分，还能补充人体内需要的各种微量元素。

总之，健康的身体离不开科学合理的膳食，而科学合理的膳食离不开正确的搭配。掌握这些搭配原则，正确安排自己的一日三餐吧，记住，吃得好才能身体好，营养充足才能活力无限！

2.三餐要得当,保持充沛精力

(1) 吃好早餐,一天能量从早餐开始

早餐无疑是一天中最重要的一餐,一天的活力和精神都从早餐开始,故而有人称之为"金餐"。吃早餐有利于人们学习,工作时集中注意力,也有利于身体长久地保持活力。

> 美国的研究人员对 1198 名黑人和 1633 名白人进行了长达 8 年的研究,结果发现,与经常不吃早餐的人相比,每天吃早餐的人肥胖及胰岛素抵抗综合征的发生率低于 35%~50%。研究人员指出,每天吃早餐在降低糖尿病和心血管病发病方面发挥着重要作用,早餐是一天中最重要的一顿饭!

所以,早餐问题不容忽视。可是,有许多上班族常常忽略早餐的重要性,即使知道早餐是最重要的"金餐",对健康的重要性远超过中、晚餐,但忙碌的职场人总会有各种各样的原因耽误了早餐——不是起得太晚来不及吃,就是为了减肥节食。"宁愿多在床上躺一分钟,也不愿起来吃一顿早餐"是很多人的习惯。其实不吃早餐危害极大。

(2) 重视午餐,营养充足保持充沛精力

对于职场人来说,中餐同样重要,因为经过一个上午的辛苦工作,中午如果只凑合着吃一顿没有营养的午餐,午后工作精力肯定大打折扣。要保证下午继续精力充沛,中餐必须吃好。按照一天食量分配来说,中餐占比40%，比早餐、晚餐都更多。所以，职场员工中餐也不能忽视，更不能"对付"，随便叫个外卖或是简单吃点零食，要认认真真吃好。

但是，中午要吃饱，不等于要暴食，一般吃到八九分饱就可以。

无论你忙或不忙，无论饿还是不饿，都不能忽视午餐，更不能因为时间不够就牺牲午餐时间来加班，这样不仅令你身体虚弱，还会影响下午的工作效率，所以中午一定要放下手中的工作，吃一顿丰盛、营养又健康的午餐。

（3）晚餐吃少，别让晚餐盛宴诱惑你

职场上很多饭局都安排在晚上，因为晚上时间相对比白天要多，而且晚餐吃得久一些也不影响工作。所以，职场中许多人的大餐和正餐都在晚上。晚餐桌上一般都是大鱼大肉，取代了早上和中午的简单。就算没有饭局，一些人也习惯把晚餐做得更丰富，因为晚上时间充足，白天工作又辛苦，只好晚上再来补充营养，挽回一天的损失。尤其是加班一族，很晚才下班，这时腹中空空，到家后饥不择食，开袋即食的零食一次吃个够。吃饱喝足，因为太晚也就不运动，直接躺下来休息了。这种状况，如果长期发生，各种疾病就会不请自来。

晚餐不能吃得太饱，这是许多人都知道的道理，但很多人偏偏控制不了自己的食欲，一看到满桌子的菜肴就会忍不住大吃起来。健康合理的晚餐标准是第二天起床没有饥饿感。如果中午吃得比较饱，晚餐就少吃一些。中国人习惯吃三餐，而且大部分都是根据上班的作息时间而定，晚餐时间就相对比较迟，下班回家堵车或者稍一耽误，晚餐便在八九点了。这样就更要吃得少才好。

3. 上午十点，补充能量

一般来讲，人们吃早餐的时间在七点左右，八点开始工作，到十点的时候，距离早餐时间已经有好几个小时，早餐差不多已经被消化掉。这时腹中会隐隐有了饥饿感，而一些身体素质不太好特别是血压和血糖偏低的人，会有头晕、少力气的状况。这是生物钟在提醒我们，该适当补充些能量了。

糖分作为人体重要的营养素之一，对人体作用巨大。糖是构成人体组织的重要物质。

工作到十点，大脑已经开始有了疲惫感，如果工作压力大，工作量又多，有时不免会觉得心烦意乱甚至心力交瘁，这是因为脑部缺少糖分。这时如果选择一些甜食，如冰激凌，或者蛋糕，甚至棒棒糖，就能很快使大脑活跃起来，精神倍增，工作起来轻松又愉快。所以即使没有出现身体不适的情况，在上午十点时，我们还是可以适当补充一些甜品，缓解疲劳，让心情更好，工作效率更高。

也可以搭配着"绿色零食"一起吃，可以增进脑部血管活力，帮助你集中注意力。

"绿色零食"是指含有丰富的营养素，而糖分和脂肪相对较低，防腐剂含量也少的，适合作为日常营养补充的零食。比如低脂乳酪、花生、无花果、海苔、水果（水果食品）等。还有超市里销售的果蔬干片，口感非常香脆，但并不是油炸或者膨化的食品，而是高温烘干水分制成的，不仅营养损失小，脂肪热量也很低，不会导致肥胖。而且因为大多数上班族早餐较为单调，基本上是牛奶、豆浆配面包，适当地吃点零食，像花生等，就可以补充平时很少吃到的营养素。

　　大部分人认为吃零食是非常不好的习惯，事实上只要配合健康（健康食品）的，低热量高营养的食物，适量地吃零食，不但可以减轻饥饿感，还能作为日常均衡营养的一个补充。零食能帮助控制胃口，减少进餐量，只要食用低脂肪的零食，就可以避免大量进餐，减少发生肥胖的几率。况且"边吃边工作"的状态特别容易缓释工作的压力，对于一些高密度工作时间的人来说，是一种很好的选择。

4.加班很晚,记得补充营养

如果加班很晚,那么不吃或是少吃晚餐的规则就不必遵守了。因为熬夜更需要补充营养。一为大脑供能,二为身体健康。每天凌晨一点到三点,大脑因为休息不好第二天会出现"头昏脑涨""头痛欲裂"的感觉,还会导致记忆力减退、注意力不集中、反应越来越迟钝。加班晚的话吃个消夜合理补充各种所需营养就很有必要了。

有利于大脑恢复和提供能量的食物有牛奶、面包之类的面食,蛋类和坚果等。

加班熬夜除了身体十分疲劳,视力受到的伤害同样很大。加班族要及时补充维生素A,因为维生素A能提高熬夜工作者对昏暗光线的适应力,而缓解视觉疲劳。富含维生素A的食物主要有动物的肝脏、鱼类、海产品、奶油和鸡蛋等动物性食物。

除了对大脑和视力的营养补充外,加班族还应适当补充热量,吃一些水果、蔬菜及蛋白质食品。如肉、蛋等来补充体力消耗,但由于时间很晚,所以不能大吃大喝,只要适当补充,达到营养供给足够就可以了。

此外,维生素C和水分也是不容忽视的。长时间加班会导致皮肤干燥、缺乏弹性、失去光泽,有的甚至会长粉刺、黑斑等。这对于爱美的女性来说很重要,补充维生素C和水分势在必行。

加班后多吃水果不仅可以有饱腹感,还可以补充水分和各种维生素,同时又不会给身体消化系统带来太多的负担。

加班很辛苦,如果身体营养缺乏,体力跟不上,长此下去各种疾病就会上身,失去健康。所以,我们一定要注意加班后的营养补充。

 5. 上班族喝水更要讲科学

上班族工作节奏快，工作任务多，有时忙得真的是"连喝水都顾不上"，而且很多人也并没有觉得渴，久而久之，也就习惯了上班时不喝水了。这种习惯其实是非常不好的。在人体组成部分中，水占了绝对的比例，水是体内一切生理过程中生物化学变化必不可少的介质，能将有益于人体的物质溶解或分散于水中，利于体内化学反应的有效进行。此外，人体的多个消化器官产生的酶，也需要水来作载体，才能进行食物消化和营养吸收。因此，适时饮水、适量饮水对于促进人体新陈代谢，保障身体健康有着非常重要的意义。忙得顾不上喝水，于身体健康显然是不利的。

大多数上班族长期坐着使用电脑和机器，很少有舒展身体的时候。喝水并不单纯只是为了解渴，上班族如果能够科学健康饮水将有助于缓解工作疲劳，提神醒脑，提高工作效率，保持充沛精力。

那么，上班族究竟怎么喝水更科学呢？下面几点要注意。

(1) 量要喝足

按照《中国居民膳食指南》的意见，一般成人每天至少要喝水1500～1700毫升水。因此，不能等到渴了才喝，口渴信号出现时，身体的缺水情况已比较严重了。

(2) 时间喝对

喝水还要讲时间吗，想喝就喝不就行了？理论上来说，是的，想喝就喝，喝水不需要固定一个时间。但是就和饿了就吃饭是一样的，固定的时间会帮助我们养成良好的习惯，这样更有利于让身体处于良好的状态。千万不要等到口渴了再喝水。国内一项调查数据显示,七成人都是发觉渴了才喝水。殊不知当你感到口渴的时候,你的身体至少已经流失了1%的水分。喝水不是为了解渴,而是让水参与新陈代谢,促使营养被人体吸收,长时间缺水会增加血液的黏稠度,诱发心脑血管疾病。同时,越不注意喝水,喝水的欲望就会越低,人就会变得越来越"干旱"。所以,不管渴不渴都要及时补水。外出时手里带上一瓶水,随时喝一口;办公室或家里多放上几个水杯,见缝插针,有机会就喝。

定下科学的喝水时间表,会使喝水的效果达到最好。比如早上起床喝一杯,就对身体有很多好处,如及时的补充身体代谢丢失的水分;有效的促进胃肠蠕动、湿润肠道,促进大便的排泄;促进血液循环,让人的大脑迅速恢复清醒状态;有效地稀释血液,降低血液的黏稠度,促进血液循环,预防心脑血管疾病的发生。对无特殊病症的人群,淡盐水、蜂蜜水、白开水都非常适合早上喝。不过早上别喝太凉或太热的水,温度以40摄氏度左右为宜。

(3) 走出误区

喝水是一件容易的事,但也容易走入误区。错误的喝水方法肯定对身体健康不利。所以上班族要避开以下喝水的误区,让喝水更科学。

一是饮水机从不洗。桶装水和饮水机无论在家庭还是办公、公共场所都已非常普遍。饮水机看似让人喝上好品质的水,实则"二次污染"很严重。每当打开饮水机龙头时,听到"咕噜"的声音,桶里翻出一串气泡,这就是有空气进入,灰尘及微生物就会被带入。桶装饮水机内的冷热水胆3个月不洗就会大量繁殖细菌。所以,最好一月清洁一次,夏天两周清洁一次。办公室的饮水机因为使用频繁,更需要勤加清洗。

二是自来水一烧开就喝。水不能一烧开就喝,因为现在的自来水都经过氯化消毒,其中氯与水中残留的有机物结合,会产生致癌化合物。烧水时,不妨采取三步走:首先将自来水接出来后先放置一会儿再烧;水快开时把壶盖打开;最后,水开后等3分钟再熄火,就能让水里的氯含量降至安全饮用标准，是真正的"开水"。

三是爱喝瓶装水。瓶装水携带方便、开盖能喝，所以很受欢迎。但是总喝瓶装水并不好，瓶装水一般为凉水，冬天在室外喝会刺激身体器官。另外，瓶装水成分也不完全相同，有的含有较多微量元素，微量元素摄入过多也会对人体造成负担。最好的办法是买个质量好的水壶自己带水，安全又环保。

四是常喝千滚水。现在电热水壶极普及，很多人烧的水一次喝不完，过一会儿又重复烧开。这种千滚水最好别喝。水烧开尽量当次喝完，别反复加热。很多人担忧饮水机中的水是不是千滚水，因材料限制，饮水机中水的最高温度一般为九十摄氏度左右，达不到沸腾的状态，不是千滚水。但桶装水的最佳饮用时间是出厂后1—15天，一旦超过15天，水中的细菌过多，就不宜再饮用。

五是用饮料替代水。用饮料代水，无异于花钱买身病。不但起不到给身体补水的作用，还会降低食欲，影响消化和吸收。如果一定要喝有味道的水，也要根据自身体质，适当改善。比如便秘的人可以喝点蜂蜜水或者果蔬汁，能够促进肠道蠕动；而胃寒的人要少喝性寒的绿茶、凉茶、果汁，多喝暖胃的红茶、姜糖水。

六是睡前猛喝水。睡前不宜喝太多水，但可以稍微抿上两口。当人熟睡时，由于体内水分丢失，造成血液中的水分减少，血液黏稠度会变高。临睡前适当喝点水，可以减少血液黏稠度，从而降低脑血栓风险。此外，在干燥的秋冬季节，水还可以滋润呼吸道，帮助人更好的入睡。就是这个量一定不要太多。

6. 职场应酬族的饮食宜忌

人在职场,应酬必不可少。同事小聚、宴请客户、招待上司……各种理由都不可拒绝。特别是一到年关,应酬更是忙不过来。但是酒肉下肚,很多人健康出了问题。轻者出现消化不良,重者胃出血、酒精性胃病。面对这种无奈的应酬,我们该如何保证自己的健康?这就要特别注意饮食的宜与忌。

应酬族饮食大忌:

(1) 暴饮暴食

暴饮暴食是节假日聚会上太多人容易犯的错误。食物都必须经过胃和胃液的作用才能消化分解,经过肠壁吸收被人体利用。而胃肠道的容量和消化能力都有限度,突然吃进大量的食物,会使胃急剧扩张,食物存积在胃肠内得不到消化,经过一段时间,这些食物就会发酵、产气,人体就会出现恶心、呕吐、腹胀、腹痛等状况。另外,经常暴饮暴食的人也会与肥胖症结缘。

(2) 只喝酒不吃饭

朋友一起,三杯两盏不嫌多,兴趣一来,举头就是一杯酒下肚。这种情况并不少见,而且认为喝得越干脆,态度才越真诚,朋友关系才越铁。殊不知,很多人一桌饭还未吃完,已经躺在医院的病床上了。这都是只喝酒不进食惹的祸。空腹状态下喝酒,酒精的吸收速度较快,人更容易喝醉,并且此时酒精对胃部刺激大,容易损伤胃黏膜。朋友在一起聚会,千万要记住,身体才是大事,不顾身体劝酒的并不是真朋友。

(3) 只吃大鱼大肉

国人就餐存在大鱼大肉才高档的误区。几个朋友在一起，光点些素菜好像显得很小气，于是不管浪费不浪费，大鱼大肉只管上。无论是从健康还是经济的角度来看，这都是极不正确的做法。大鱼大肉不容易消化，脂肪多，对健康没有好处，而且大鱼大肉菜相对要贵，吃不完会浪费。点菜时一定要荤素搭配，而且素菜要比荤菜多。

(4) 忽视水果

如果是应酬，点菜的人一定要注意，水果最好在上菜以前上桌。这样先吃些水果，再吃饭菜就能有效控制进食量。吃完了再吃水果，已经被填得满满的胃会被增加负担。如果能把水果当成一种凉菜早点上，就可以避免一餐能量过剩的问题。先吃水果填胃，可以弥补用餐时蔬菜不足、纤维不够的问题，对预防食物过量、改善营养平衡是有帮助的。

此外，现在流行的生吃蔬菜、鱼和海鲜。这种吃法会让各种细菌进入身体，所以，最好不要去赶流行，还是以热食为主。

应酬虽然难免，但最好不要有邀便应。能不参加的最好推掉，实在推不掉的应酬，可以选择改变应酬方式，比如选一个环境幽静的地方，泡一杯茶，几个人小聚，也是不错的方式。逢聚必喝，一喝必醉，不仅失去了聚会的意义，也伤害了自己的健康。

第二章

劳逸结合,工作再紧张休息不能忘

工作是实现人生价值的手段,休息是保障足够精力的条件,高效率的工作需要足够的休息。"工作狂"并不值得提倡和学习,只有会休息的人才能把工作做得更好。

1. 工作要努力,更要多休息

我们身边没日没夜拼命工作的人不在少数,上班争分夺秒,下班废寝忘食,这样的人敬业精神实在值得敬佩,但是身体呢?日子一久,身体吃不消,要么住院休假几个月,有的还被迫提前离开岗位。这样的努力其实是得不偿失的。面对紧张的工作,如果我们不自我调节,不重视自己的身体健康,等到熬垮了身体再来补救,就一切都晚了。该休息时休息,才最有利于健康。

休息是人类必不可少的行为。身体再强壮的人如果长时间不休息也会体力不支。从健康上来讲,完整意义上的休息不仅是体力上的休息,还包括精神上的放松。如果把工作这根弦绷得太紧,劳动时间和强度超过人本身的承受限度,人就会无限疲劳,健康就会亮起红灯。任何人的精力都有一个限度,如果长时间超负荷工作,不可能有工作效率。所谓文武之道,一张一弛,就是指既要努力工作,还要更多休息,以确保身体健康。

有研究表明,人在极度疲惫的状态下工作时,出差错的概率很大,而且进度远远赶不上休息好后。所以,当我们感到疲劳时,不妨放下手中的工作,暂时远离喧嚣劳碌的工作,让身体和心理都得到充分的休息和解压,才有可能带着更清醒的头脑和充沛的精力投入到工作中。

休息时间不在长短,而在于质量。高质量的休息,让人身心愉悦、轻松而充实。有些人一面休息,一面又放不下工作,为自己的健康担心,同时又因为休息耽误了工作时间而自责。这种人,工作不一定做得好,而身

第二章 劳逸结合，工作再紧张休息不能忘

体一定不太好。休息并不同于懒惰，而是我们身体发出信号，必须停下手中的工作，调节体内各个器官的平衡。休息可以让我们放松心情，接触工作以外的事物，这些事物有可能给我们的工作带来创作灵感，让我们休息后工作效率更高。

一家通信公司34岁的年轻工程师，忽然离开了人世，死因与他长时间加班未能好好休息有关。据媒体报道，在他去世7天前的中午他去停车场开车时，守车的大爷就发现他不大对劲，走路歪歪扭扭。为了安全起见，大爷一路跟随。等到他发动车子后，忽然非常痛苦，双手抱着头，大爷见状上前询问，年轻的工程师甚至没有力气搭话，在昏倒前一秒紧紧地踩住了刹车，然后倒在了方向盘上。大爷赶紧叫人送他进了医院。然而就从那一刻起，他便再没有醒来。医生说，他是高血压导致脑出血，他的脑干出血量达到了80%。

据报道，这位工程师是公司网络维护中心的技术骨干，"随时都在忙工作"是身边人对他的印象。其父亲说，儿子加班是常态。"有时候凌晨两三点，都还在谈工作上的事。"而就在他发病前的这一段时间，一直都有加班。

每一个爱岗敬业的人都是值得我们尊重和学习的，但是爱岗敬业并不代表不休息。我们时常听到有人说"我整天忙得晕头转向，连饭都没时间吃，还谈什么休息？"每每听到这些，我们是不是打心眼里同情他，觉得他实在是太忙，太辛苦了？其实不然，任何一个人都不可能忙得没有休息时间，除非是他自己没有安排好，或者是不注重休息，忽视了自己的健康。工作重要，休息同样重要，足够的休息，才能更好地完成工作。休息并不是浪费时间，而是休息过后能把下一阶段的工作做得更加出色。工作间隙休息有以下几大好处。

一是恢复精力——每个人都需要"能量补给"，否则精力就会被耗尽。连续工作会令我们有些疲惫，休息一下可以缓解疲惫，重新振作。

二是整理思路——工作久了尤其是工作不顺的时候会让我们心情烦乱，这时不妨放下手中的工作，适当地休息一下，可以令我们杂乱的思路变得清晰，对后面的工作有很大的帮助。

三是保护视力——眼睛看文件或电脑久了都会发酸或发涩，站起来去看看远方，抚弄一下花草，都可以让眼睛得到休息。

四是找回信心——当我们工作出现困难时，也需要休息。这时候休息不是放弃，而是让自己停下手中的工作，自己鼓舞一下自己，告诉自己一定行，当再走回办公室的时候，情况可能就和先前大不一样了。

所以不要吝啬几分钟的时间，放下手中的工作，让自己稍微放松一下，不要觉得这是浪费，相反，这是提高工作效率的最好办法。当然如果你是上班族，工作又相对没有那么自由，休息的时间就一定要把握好，以免让上司或同事认为你是在偷懒或者你不敬业。

但是，存在"努力工作就是少休息或者不休息"误区的人并不在少数，他们认为休息是一种浪费时间的表现。特别是工作紧要关头，他们恨不得把自己当成机器来使用，二十四小时不停地运转，可惜人终究不是机器。这样的人敬业的态度是值得肯定，但是方法却不值得赞同。即使是机器，也有修整的时候，何况人体？休息不好，工作效率就不高，工作效率越不高，越舍不得时间休息，于是形成了不休息的恶性循环，最后工作没做好，身体被熬垮，这是愚蠢的行为，是对自己健康不负责任的行为。

工作和生活之间的平衡只有我们自己才能掌握。重视健康，希望自己健康的人不仅会重视工作，也会重视休息。他们知道，休息是为了更好地工作。工作量太大、严重的睡眠不足、体力一天不如一天，这些情况下还在硬撑的人只怕工作效率也不会高到哪去，何不放下手中的工作，让自己尽情放松一回，等到身体恢复，头脑清晰再回到工作中去？真正会工作、努力工作的人是懂得适当休息来维护自己健康的。

第二章 劳逸结合，工作再紧张休息不能忘

 2. 不要让自己"过度疲劳"

过劳死是近些年来出现的新名词，是指一些人因为工作压力大和劳动强度太大导致心理压力增大后引发身体疾病而死亡的一种现象。一个人经常加班、熬夜、休息不好，时间长了就会导致焦虑、失眠、记忆力减退、精神抑郁，甚至引发抑郁症和精神分裂症。如果这种疲劳持续6个月或更长时间，身体就可能会出现低烧、咽喉肿痛、注意力下降、记忆力减退等症状。非常严重的长期性疲劳很可能就是其他病症的先兆。疲劳只是一种症状，最终导致死亡的是一些相应的疾病，这就是我们平时所说的"过劳死"。

2015年，一位年仅36岁的名校计算机专业的高材生在半夜不幸猝死。原来，2014年10月他被公司指派负责封闭开发项目的管理工作。公司租住附近酒店作为项目开发期间住宿场所。由于项目进度紧、难度大，作为此项目的软件负责人，他工作非常认真负责，经常加班加点。从项目组微信圈及邮件中的记录来看，他经常连续加班到凌晨两三点甚至五六点，短暂休息后上午又开始工作；难得的春节假期，他年初三就开始加班，公司不断地催促进度，施加压力，最终导致悲剧发生。2015年3月24日凌晨1点，他发出最后一封工作邮件后不幸猝死。"希望一路走好，天堂没有加班。"在他的纪念网站上，一位游客留下了这句话。

显然，这位年轻人是因为过度劳累而伤及身体，最后猝死的。过度疲劳是指由于工作时间过长、劳动强度过大、心理压力过重导致精疲力竭的亚健康状态。它最大的隐患是引起身体潜藏的疾病急速恶化，比如导致高血压等基础疾病恶化引发脑血管病或者心血管病等急性循环器官障碍，甚至出现致命的症状。这种长期慢性疲劳后诱发的猝死也就是"过劳死"。

过度疲劳表现在身体方面的特征如下。

情绪波动大：做事经常后悔，易怒、烦躁、悲观，难以控制自己的情绪。

睡眠质量差：睡觉时间越来越短，醒来也感到不解乏，并很容易因为疲劳和苦闷失眠，注意力不集中，集中精力的能力越来越差。

记忆力减退：经常忘记熟人的名字，并对工作兴趣不大。

小毛病不断：经常头疼、胸闷、耳鸣、目眩，检查也没有结果。

食欲缺乏：胃口差，体重下降很快。

一般认为，有下面几种情况的人易导致过度疲劳。

（1）工作惯性超时的人

每日的工作时间超过10小时以上，加班、熬夜也是常事情。因为工作时间过长，精神过于紧张，长时间处于高压的工作状态，容易导致身体的疲劳、精神的倦怠。如果不注意调节，还会出现"过劳"。

（2）压力太大的人

当代人的压力无处不在，工作、经济、婚姻、就业、学业……这些压力如果得不到及时的疏解，则会使身心陷入疲劳状态。还有一些人什么事都力求完美，总希望自己手上的工作能做到尽善尽美，不辜负他人的期望，故而不断给自己施加压力，不断累积压力，最终让自己不堪重负。

（3）每天事情太多忙得喘不过气来的人

每天都有许多的工作要做，一次要解决多项事务，或者突发状况不断，与时间赛跑几乎是常态，每天忙得团团转，精神和身体都在高度紧张之中。

(4) 久坐不动的人

有些办公一族事情很多，人也很懒，坐下就不愿动，整日坐在办公桌前，长时间都粘在椅子上，一屁股坐到下班。所谓"久坐伤身"，身体长时间不动容易累积疲劳，在血液循环不良的情况下，也比较容易引疾病上身。

(5) 生活方式不健康的人

疲劳与生活方式密切相关，日常生活中的一切不健康的生活方式、经过长期积累均可引发疲劳。如睡眠不足或过多，生活无规律、长期吸烟、酗酒、饮食结构不合理，缺乏体育运动或体力劳动等。

(6) 独身者与寂寞的人

心理学研究表明，独自从事体力劳动或思维不多的劳动时，由于孤独的心理压力及未能与外界交换信息，很容易对工作产生单调的感觉，从而很快出现厌烦和疲劳。更有研究表明，大脑长期抑郁不仅有损神经系统，而且将引发一系列以躯体症状为表现的疾患，这就是所说的心身疾病，对健康危害很大。

过度疲劳指体力疲劳、脑力疲劳和精神疲劳三个方面。体力疲劳是指做了一些超负荷的体力劳动以后产生的，主要是过分劳累后，血液中二氧化碳和乳酸增多导致的肌肉疲劳。表现为四肢乏力、肌肉酸疼，这种疲劳也可常见于运动之后。体力疲劳对于身体健康而言，没有很大的影响，而且体力疲劳对于心情没有影响，一般来讲体力疲劳只要多休息，保证足够的睡眠就能很好地恢复。

脑力疲劳对于职场人来说是常事。有的人几乎每天都处于脑力疲劳中。很多白领上了一天班，都是对着电脑对着各种文件，感觉到头昏脑涨，食欲不振，记忆力下降，注意力不集中。这是明显的脑力疲劳症状。缓解脑力疲劳有很多种方法，比如适当参加一些体育运动，或者与朋友聚会，与家人旅行都有利于缓解脑力疲劳。

精神疲劳是最复杂的一种疲劳。主要是因为身体和大脑长期超负荷运行形成慢性疲劳，引起精神疲劳的最主要的原因是精神压力过大。但是，这种疲劳往往很容易被人忽视。精神疲劳最明显的症状就是失眠。晚上经常做不连贯的梦，会经常在噩梦中惊醒，辗转反侧甚至彻夜不眠等。很多人只是当成了失眠，并没有意识到这是一种严重的精神疲劳。缓解精神疲劳最主要的方法是让心情愉快，养成良好的作息习惯，并做到自我减压，不要让压力成为心理愉悦的障碍。

此外，还有些因为疾病而产生的身体疲劳，这时一定不能硬撑，及时治疗，才是减少疲劳的最好方法。无论是哪一种疲劳，最好的办法就是睡眠。因为睡眠时大脑皮质的兴奋过程降低，体内分解代谢处于最低水平，而合成代谢过程相对较高，有利于体内能量的储存。

那么该如何调整自己、及时缓解疲劳、避免过度疲劳呢？

(1) 及时休息

休息是缓解的重要方式。要减少工作时间，在疲劳之前就休息。很多上班族也会感叹事情就是这么多，每天处理都做不完等，所以应该把各项工作的轻重缓急区分清楚，提高工作效率，力争在最少的时间内做最多的事情，腾出时间让自己休息。

(2) 多做运动

运动虽然会带来短时间的疲惫感，但长期坚持反而会让人精神抖擞。坚持劳动会为人身体注入能量还可以让人感到快乐。每周坚持锻炼3天，每天有氧运动20分钟，能让心灵放松，身体也变得轻松。不常运动的人可以循序渐进，从每次10分钟的低强度运动开始，如快走、拉伸运动等。

(3) 规律作息

抗疲劳的关键在于规律作息，尽量不熬夜，每天按时起床，保证充足的睡眠，周末也最好能坚持。睡眠是消除疲劳感的最佳方法，如果前一天熬夜了，第二天可以早点睡觉，但隔天最好还在同一时间起床。建议养成午休的习惯，但别超过半小时。

（4）补充营养

缺铁会降低血液输送氧气和营养物质的能力，进而让人感觉迟钝、注意力不集中。铁元素摄取不足可以使你感到疲惫无力，面色苍白。红色肉类、绿色蔬菜及强化食品如早餐麦片，它们都是人体获取铁元素的良好来源，最重要的事情是从众多食物的范围获取足够量的铁。建议多吃牛肉、豆腐、鸡蛋、绿叶蔬菜、坚果等食物。少吃辛辣、刺激的食物也能缓解疲惫感。早餐最好包括全谷物、瘦肉蛋白、不饱和脂肪、膳食纤维等多种营养，一天都会活力满满。多喝水能避免血液变得黏稠，增加氧气和营养物质的输送能力。

（5）平衡心态

力求完美的人往往活得很累，所以要改变心态，降低要求。不要让自己每天都活在焦虑之中。每天给自己一个微笑，不时让自己大笑几声，都对身体有好处。放声大笑能带动身体80多块肌肉活动，并释放感到幸福的激素。大笑一分钟所产生的效果相当于45分钟的放松锻炼，以消除疲倦。

当然，缓解疲劳的方法还有很多。比如洗个热水澡，泡个热水脚，做个按摩，听听音乐……都是放松的好方法。缓解身体疲劳，避开过度疲劳，远离亚健康，对任何人都是重要的。所以平常要多运用一些有效地消除疲劳方法，减轻身体劳累，保证健康。

每个人的身体素质不同，对各种疲劳的抵抗能力也不相同，不管是哪一类的疲劳，一旦产生，我们就不能轻视。要及时调整好自己的心态，保证足够的休息与睡眠，结合饮食调理，让自己告别过度疲劳，轻松愉快地工作。

3. 上班族更要重视睡眠

睡眠对于人体健康有着不可替代的作用。如果没有足够的高质量的睡眠，再好的身体也会支撑不了多久，再年轻的人也会因为熬夜而显得苍老。睡眠对身体有五大好处。

（1）消除疲劳，恢复体力

睡眠是消除身体疲劳的主要方式。睡眠期间是胃肠道及有关脏器合成并制造人体能量物质以供活动时用的好时机。另外，由于体温、心率、血压下降，呼吸及部分内分泌减少，使基础代谢率降低，从而使体力得以恢复。

（2）保护大脑，恢复精力

睡眠不足者，表现为烦躁、激动或精神萎靡，注意力涣散，记忆力减退等。长期缺少睡眠则会导致幻觉。而睡眠充足者，精力充沛，思维敏捷，办事效率高。这是由于大脑在睡眠状态下耗氧量大大减少，有利于脑细胞能量贮存。因此，睡眠有利于保护大脑，提高脑力。

（3）增强免疫力，康复机体

人体在正常情况下，能对侵入的各种抗原物质产生抗体，并通过免疫反应将其清除，保护人体健康。睡眠能增强机体产生抗体的能力，从而增强机体的抵抗力；同时，睡眠还可以使各组织器官自我康复加快。

（4）促进生长发育

睡眠与儿童生长发育密切相关，婴幼儿在出生后相当长的时间内，大脑继续发育，这个过程离不开睡眠；而且儿童的生长在睡眠状态下速度增快,所以应保证儿童充足的睡眠,以保证其生长发育。

(5) 延缓衰老,促进长寿

许多调查研究资料均表明,健康长寿的老年人均有一个良好而正常的睡眠。

熬夜分两种情况,一种是白天事情太多,没有做完,不得不晚上再继续;另一种是白天休息,晚上再来做白天本来应该完成的工作。熬夜一般指晚上十二点以后还没有入睡或者还在工作娱乐的现象。熬夜是一种坏习惯,是对身体健康不利的。古人就有"日出而作,日落而息"的作息观念,如果不遵从大地万物运转的规律,我们的健康就会受到影响。

长期熬夜对身体的影响有哪些?

皮肤受损。长期熬夜的人皮肤受损会非常严重。晚上是皮肤休息的最好时间,如果晚睡或熬夜会因胆和肝没有获得充分休息,增加皮肤负担,导致肤色暗淡,显得粗糙,出现黑斑、青春痘甚至会引起一系列皮肤问题。

肥胖。熬夜的人大都有吃夜宵的习惯。半夜时候,消化功能都处于休息状态,活动量远远少于白天,这时候如果进食不容易消化的食物,造成脂肪堆积,而第二天又会因为睡眠不足而食欲缺乏。长期营养不均衡就会引起肥胖。

伤害耳朵。睡眠不足易造成内耳供血不足,伤害听力,长期熬夜可能导致耳聋。

记忆力下降。经常熬夜的人交感神经在晚上保持兴奋,白天就会没精神,注意力不集中、反应迟钝、记忆力下降。时间长了还会出现失眠、健忘、易怒、焦虑不安等症状。

免疫力下降。长期睡眠不足最严重的就是疲劳,精神不振。免疫力也会跟着下降,一些易感染的疾病就随之而来。

肠胃受伤。人的胃黏膜上皮细胞会在夜间自动修复。如果夜间吃东西,肠胃得不到休息,就会影响修复过程,长期不能修复,胃黏膜会受到刺激,导致胃黏膜糜烂、溃疡。

心脏病。长期"黑白颠倒"的人，脾气会变坏，喜怒哀乐变化快，容易暴躁，内脏得不到及时调整，不仅脾气会变坏，内脏也得不到及时调整，使心脏病的患病几率升高。

视力受损。长时间用眼，会使眼睛出现疼痛、干涩、发胀，流泪，模糊等现象。眼肌疲劳还会导致暂时性的视力下降。如果长期熬夜、劳累还可能诱发视网膜炎，使人出现视力模糊、视野中心有黑影，视物变形、扭曲、缩小、视物颜色改变等。

长期熬夜还有可能被癌症盯上。因为癌变细胞是在细胞分裂中产生的，而细胞分裂多在睡眠中进行。熬夜使睡眠规律发生紊乱，影响细胞正常分裂，从而导致细胞突变，产生癌细胞。俗话说"一夜不眠，十夜不全"，别指望今天熬夜了明天会补回来。有的女性在吃上很注重养生，却抵挡不住夜的魅力，每每熬夜过后总把希望放在其他方式上，比如多吃美容食品，多敷面膜。在她们看来，美容食品加上面膜就能使皮肤还原，其实这是不可能的。

要想在工作时精力充沛，思维敏捷，我们就要重视睡眠，不要以工作忙碌没时间娱乐为借口而浪费睡眠时间，更不要以工作量大为理由而无限制地加班，这都是轻视健康的愚昧行为，熬夜不仅让你变丑，还让你变蠢。

4. 科学睡眠，提升工作活力

睡觉是人生大事，也是人的体力得到恢复的最好办法。睡觉可以补充人的脑力、体力，有助于人抗衰老，但是很多不良的睡眠习惯不仅让人休息不好，还影响我们的健康。有的人晚上熬夜，白天再补足八个小时的睡眠，在他们看来，只要睡足八个小时，身体就能恢复，至于晚上睡还是白天睡，效果都是一样。其实这是一种误区。有研究显示晚睡的人难以保证与早睡者同样的睡眠质量，而且白天更容易疲劳。所以，睡觉也要讲究科学，并不是睡足八小时就够了，而是在正确的时间段睡足八个小时才是最科学、理想的睡觉方法。

不科学的睡眠并不能真正起到休息的作用，尤其是一些不正确的睡眠方式，更是严重影响了我们的健康。

(1) 周末狂补觉

上班族连续五天的辛苦，天天早起晚睡，好不容易熬到周末，什么事也不想做，只想睡觉。这一睡，就睡个够。有的人可以不吃不喝睡上几十个小时，他们认为不好好把觉补回来，下周就会跟不上节奏。结果觉是睡够了，起来却一样打不起精神来，人体平均每天睡足八个小时就足够了，睡得太多，反而对身体不利。

(2) 电热毯开通宵

电热毯一般提倡睡前开半小时，睡时就关掉。开着电热毯睡往往会因为口干舌燥不得不半夜起床找水喝。电热毯还会引发人头痛、头晕、记忆力减退和注意力不集中、多梦、失眠、易激动、易疲劳、抑郁、呼吸困难、喘息、出汗等。

（3）蒙头睡觉

蒙头睡觉会使空气不流通，被窝里的氧气不充足而使体内各器官得不到足够的氧气供应，呼出的二氧化碳无法及时排出使得头部周围的二氧化碳越来越浓，呼吸的气体便不能使肺与血管充分地进行气体交换，致使身体各部分器官失去良好的调节，新陈代谢速度降低。所以醒来后，人会感到头晕、胸闷、乏力、精神不振。

（4）穿衣睡觉

特别是冬天，天气比较冷，一些人就穿着衣服睡。穿着过多的衣服睡觉，不利于全身肌肉的放松和血液循环，容易做噩梦，有的甚至会出现窒息。

（5）饭后立即睡觉

饭后立即睡觉，肠胃会因睡眠进入抑制状态，蠕动减慢，可造成消化不良、胃胀、便秘等；最严重的还是对大脑的损害，大脑因供血不足，可造成醒后乏力、头晕，严重者会引起心肌梗死。如果饭吃得太晚，可以适当运动让肠胃消化后再睡。

（6）坐着睡

很多人明明困了也不上床，靠在沙发上打盹。这种睡法会造成供血不足，醒后头晕、胸闷等。

（7）手机放枕边睡觉

如今，大部分人离不开手机，一旦手机离手就感觉不自在，晚上睡觉从不关机，把手机放在枕边才能安心睡觉，这常常使人难以放下手机，熬到很晚。另外，手机放在枕边，如果半夜有来电，势必会影响睡眠，尤其对容易失眠的人更是有很大的影响。至于手机辐射对人体产生严重损害，目前在各国的研究中并没有大规模的文献来证实这一说法。所以，对使用手机辐射危害健康的说法不必过于担忧。

（8）带妆睡觉

在晚上睡觉时候，身体内产生的杂物需要释放，如果不卸妆的话，化妆品会堵塞毛孔，影响皮肤的新陈代谢，造成皮肤发痒、痤疮等，还会加速皮肤老化，增加皱纹。所以睡前洗尽脸上的化妆品，才能睡个好的美容觉。

这些都是不良的睡眠习惯，要注意调整，改掉坏习惯，培养科学睡眠的好习惯，学会科学睡眠。以下是一些有助于科学睡眠的方法。

（1）调整好自己的生物钟

一个人要有好的睡眠状态，关键要调整好自己的生物钟。所谓生物钟，即"日出而作，日落而息"，生活要有规律，该吃饭的时候吃饭，该睡觉的时候睡觉，而且躺下去就能很快入睡。失眠者，多是生物钟发生紊乱造成的。长期失眠使人体力衰退、头昏头痛、皮肤干燥、眼圈发黑，免疫功能也会跟着下降，有的还会诱发抑郁、焦虑等精神疾患。长期失眠不仅对身体健康有害，还会影响到人的精神状态，影响到工作生活。

（2）采用右侧睡姿势

睡眠姿势比较重要。什么是比较科学的睡眠姿势呢？一般认为以右侧睡为好，原因有三：一是人的心脏位置在左侧，向右侧睡觉，心脏受压较小，可以减少人体对心脏的压迫，不影响心脏的排血；二是胃通向十二指肠以及小肠通向大肠的口部都向右侧开，向右侧睡有利于胃内容物顺利运行；三是肝脏在右侧，向右侧睡可以保证肝脏充足供血，对于食物的消化吸收极为有利。

除了侧睡以外，还有仰睡和俯睡，仰睡时由于身体和两腿都是平放伸直的，肌肉不能完全放松，可能得不到好的休息。俯睡的弊病较多，除了肌肉不能放松，还会对心肺造成压迫。

（3）选择适宜的枕头

一般认为枕头的高度，必须与人的一侧肩膀的宽度相仿。成人约为10厘米，儿童减半，过高过低都不利于健康。正常人的颈椎骨具有向前微凸的生理性弯曲，枕头必须适合颈椎的弯曲度，才能使颈部肌肉松弛，肺部呼吸通畅，脑部血液供应正常，保持睡眠具有充分的舒适感。枕头过高过低，可能导致颈椎前凸变直，肌肉紧张，麻木疼痛，睡不安宁。枕头过高，还可能影响呼吸，造成打鼾；"落枕"则常常是不用枕造成的。一般来说，枕头的材质不宜过软或过硬，适中即可，高度可保持与自己的拳头相近。

（4）选择木板床

睡木板床可以保持脊椎基本上处于正常生理状态。脊柱是人体的主干。如果长期睡软床，脊柱周围的韧带和椎间各关节的负荷增加，生理弧度加大，久而久之，将会引起腰背肌劳损而发生疼痛，或使原有劳损的症状加重。

木板床也不是越硬越好，硬床上最好铺以一定厚度的软垫，有舒适保健之功效。有关专家认为，席梦思床、钢丝床、松弛的棕绷床都不是理想的床。

（5）睡前洗脚

每晚临睡前洗脚、泡脚可以促进血液循环，可以解除疲劳，改善睡眠。睡前泡脚的好处在冬天特别明显。有几句话作了生动描述："春天洗脚，升阳固脱；夏天洗脚，暑热可却；秋天洗脚，肺润肠濡；冬天洗脚，丹田温灼。"

但要注意，简单地洗一洗只能起到清洁脚部的作用，认认真真地泡上一段时间，身体感觉微微发汗了，才能收到养生保健的效果。睡前泡脚的方法因人而异，既可以用一定温度的热水泡至转凉，也可以边泡边加热水，泡至双脚泛红且流汗为好，时间20~30分钟或再长一点。

（6）关灯睡眠

关灯睡眠，有着科学的道理。任何人工光源都会产生一种微妙的光压力。这种光压力的长期存在，会使人尤其是婴幼儿表现得躁动不安、情绪不宁，以致难于成眠。

（7）注意睡眠时间

睡眠时间并不是越长越好。一般认为年龄越小，睡眠时间越长，次数也越多。儿童、学生睡眠要保证8小时以上，年轻人、中年人以6~8小时为好，70岁左右睡眠时间为6个小时，到70~80岁，大约5个小时即可。睡眠不实，可以适当多睡一点。熬夜对年轻人不好，对老年人更不好。早起早睡，但是上床过早，半夜醒来之后便不容易睡着。

要保证自己在正确的时间，正确的方式下拥有足够的睡眠，才是最理想最科学的睡眠，才能让身体达到休息的目的，才能让我们在第二天的工作中精力充沛，活力无限。

5. 早睡早起，精神百倍

自古以来，人们提倡的就是早睡早起。早睡早起，无论是对心理健康还是身体健康，都好处多多：无论是年轻人还是老年人，早起者的情绪更积极，自我健康感更好，快乐感更强；与常熬夜的人相比，早睡早起的人精神压力较小，其精神健康程度较高；早起者通常醒得更快，而且头脑更清醒，能够快速投入注意力要求较高的活动，也不容易犯困，精力更旺盛。

早起能做更多的事情，工作的效率更高。"夜猫子"睡眼惺忪的时候，早起者可能已经完成晨跑、做好早餐、处理完一大堆事务。习惯早起的人做事更井井有条，准备充分，极少慌乱，对于当天更具挑战的活动，早起者更可能会早早制订计划并及时付诸实施，因而更少抑郁。

早睡早起对身体本身也是极有好处的。晚上熬夜让血压和胆固醇含量升高，给身体带来压力，易患心脏类疾病。早睡能血压保持在正常水平，夜晚一个安稳的睡眠，有助于释放日常生活中所产生的身心上的压力，使身心得到放松。

那么，如何才能做到早睡早起呢？下面这些方法中可以参考。

(1) 定点睡觉

从自己的实际出发，给自己定一个早睡早起的标准时间。比如8点上班，上班路上要一个小时，那么就再提前一点，6点起床，然后晨跑、早餐后，从从容容去上班。如果刚好7点才起床，势必手忙脚乱，早餐也顾不上吃，对健康很不利。

早晨6点起床，那么晚上就务必保证10点以前上床睡，这样才能保证8小时的睡眠时间。那么这样就算得上是早睡早起了。当然也可以6：30起床，晚上9点上床睡，也是早睡早起。这时间可以根据自己的情况来定。

不过，早睡早起也不是特别早，比如下午5点就睡，凌晨2点就起，也是没有必要的。我们说的早睡早起一般在早上5点和晚上7点之间。最早起不要超过早上的5点，最早睡也最好不早于晚上7点，这样才契合人体的生物钟，适应"日出而起，日落而息"的自然规律的。

（2）多提醒自己

下班后一兴奋就容易错过最佳睡眠时间，一眨眼就到了晚上10点。所以要早睡，就要提醒自己。比如在聚餐、聚会、游玩或者是家里自由活动——看电视、玩游戏、打电话等时，都要约法三章，晚上10点前各种活动截止，除非有特殊情况。要提前给自己设置警钟，心中有数。

（3）睡前放松

睡前尽量少喝茶、咖啡等让人精神振奋的饮料，这会让大脑神经过度兴奋，造成失眠、多梦，严重影响到睡眠质量。睡前也不宜饮酒，过量的酒精会麻痹神经，让人早上起不来，还会让人整天昏昏沉沉、精神不振。

睡前不要过度兴奋或做剧烈运动以免影响入睡。睡前可做些舒缓的运动、听舒缓的音乐或看书。睡前先洗漱，上床后可以在床上做些舒缓的动作或者是低声放些舒缓的音乐，或者看看书，会慢慢让人体放松，从而进入睡眠状态。

睡前也可以喝些牛奶。温牛奶能促进睡眠，提高免疫力和保护胃粘膜，当然也不宜多喝，通常睡前喝200~400毫升牛奶已经可以保证机体的需求。

（4）定好闹钟

做到早睡了，早起几乎就是一件自然而然的事情。但是由于习惯的原因，要想在自己定好的时间点准点起床，也是需要一定方法的。网络流行一句话：叫醒你的是梦想，而不是闹钟。足够鸡汤，但真正在现实中，梦想是很难叫醒你的,真正能叫醒你的,是闹钟。

　　养成习惯后,没有闹钟我们也会醒,关键是如何养成习惯。所以,刚开始的时候,闹钟最好设置两个,第一个是设定为醒来的时间,一般早于起床5分钟为宜,放在枕边,闹铃要轻缓柔和,不要给自己很大的压力,让它轻轻把你唤。第二个闹钟设定为起床的时间,这个时间你必须起床,这时,闹钟的声音必须特别震撼,不能中间被关掉,必须由你来关闭,放在你必须下床才能够到的地方。但须注意的是不能手机设定时间,如果是手机必须是两部手机。

　　这样定好一段时间,养成习惯就好了。天天早睡早起,时时精力充沛。

6.保证午休半小时,下午工作不再累

睡午觉是很多人都有的习惯。睡午觉对人体有很多好处。午睡可补偿夜间睡眠不足,能使人的大脑和身体各个系统都得到放松和休息,更有利于下午、晚上的工作或学习。另外,午睡也可以保护大脑,缓解紧张。当睡眠时,身体各部分得到一个全面的休息,全身肌肉松弛了,因活动而消耗的体力就可以逐渐恢复过来,身体内部的各种器官就可以平静而更有规律地工作。美国哈佛大学心理学家发现,午后小睡可改善心情,降低紧张度,缓解压力;美国斯坦福大学医学院的一项研究更是发现,每天午睡还可以有效赶走抑郁情绪。具体说来,睡午觉至少有以下几大好处。

降血压。因为工作压力大,加上连续工作好几个小时后,人的血压会逐渐升高,这时睡个午觉,有利于血压降低。

保护心脏。每周最少睡三次午觉,可以使心脏病猝死的风险降低37%。这是因为午间休息能舒缓心血管系统,并降低人体紧张度。

增强记忆力。午睡可以令人的精力和警觉性得到大幅度提高,不但可以消除疲劳,还能增强记忆力。

提高免疫力。中午1点是人在白天一个明显的睡眠高峰。这时间睡个小午觉,可以有效增强免疫细胞活跃性。

中午吃完饭小睡一会儿,是许多人的生活习惯,但是有研究表明饭前午睡半小时,比饭后午睡2小时更能有效消除疲劳,大大提高下午的工作与学习效率。所以爱在饭后睡午觉的最好改为饭前睡。不爱睡午觉的人总是嫌午睡醒来头昏脑涨,就是因为饭后睡午觉血流涌向胃肠道,致使流向

大脑与四肢的血液相对减少，大脑和肢体得不到足够的氧气与养分供应，乳酸等代谢产物无法及时排出的原因。

那么到底怎么睡才算是健康的午睡方法？

(1) 定好午睡时间

有人认为只要困了，又有时间，这就是睡午觉的最好时机。实际上人们最容易入睡的时间是在早上起床后 8 小时或是晚上睡觉前 8 小时，也就是大约中午 1 点钟左右是最佳的午睡时段。因为这个时候人的警觉处于自然下降期，此时午睡身体会得到很好的休息。

(2) 睡前不吃油腻食物，不吃得太饱

油腻食物会增加血液黏稠度，加重冠状动脉病变，加重胃消化负担，影响午休质量。

(3) 时间不要太长

健康的午睡以 15～30 分钟最恰当，若是超过 30 分钟，身体便会进入不易睡醒的深睡期，还不如延长到 1～1.5 小时，完成一整个睡眠的周期。午觉睡太久，刚起来的半小时会有轻微的头痛、全身无力，这是"睡眠惯性"所造成。这时候别期望会马上清醒，经过一个小时的缓冲就能恢复正常。不过，这种较长的午睡只适用于补充前晚的睡眠不足，真正健康午睡不应该超过 30 分钟，否则就容易打乱生理时钟，影响正常晚觉。

(4) 醒后轻度活动

午睡后要慢慢站起，再喝一杯水，以补充血容量，稀释血液黏稠度，不要马上从事复杂和危险的工作。

(5) 午睡的习惯要持之以恒

午睡习惯不规则也会搅乱生理时钟，影响晚觉的规律。例如拖到傍晚才睡，不但对健康没有帮助，也会延误晚上的入睡时间。如果要午睡，要养成每天定时定量的习惯。午睡最好的时间是在早上睡醒之后的 8 小时，以及晚上睡觉前的 8 小时，也就是一天活动时间的中间。即使在那个时间不觉得困，也可以稍作休息，而不是把喝咖啡当醒脑汤。

（6）有失眠问题的人，要避免白天的午睡

不是所有人都需要午睡，对于身体好、夜间睡眠充足的人，不午睡通常也不会影响身体健康。但是，对从事脑力劳动的上班族、大中小学生、体弱多病者或老人，午睡是十分必要的。

（7）午睡地点要选好

午睡不能随便在走廊上、树阴下、草地上、水泥地上就地躺下就睡，也不要在风口处睡。因为人在睡眠中体温调节中枢功能减退，轻者醒后身体不适，重者受凉感冒。休息，是为了走更远的路，短短的午睡时间，可以让你在下午乃至整个晚上都神采奕奕。

午睡时间虽然不长，但对人体各项机能的恢复却是大有裨益。午睡时不要随意趴在桌子上睡，这会令头部供血不足，让人醒来后出现头昏、眼花、乏力、大脑缺血缺氧的症状；就算是大热天，睡午觉时也要盖上薄毛巾或被子，以防感冒；午睡前做剧烈运动也是不对的，剧烈运动后人会处于兴奋状态，不容易入睡，中午时间本来就短，等到大脑停止兴奋时，午睡的最佳时间已经过去。

当你觉得很累很困的时候，哪怕手上的工作再重要，再赶急，也不要浪费半小时的午睡时间。午睡虽然只有半小时，但这半小时换来的却是下午几个小时的活力。有了这半个小时，下午工作就不会觉得太累。所以只要有时间，就一定要把握住这半小时，让体力恢复，让下午工作效率更高。

7. 加班熬夜要科学"补觉"

很多人加了夜班或熬了夜之后，回家倒头就睡，一睡就睡到第二天下午，他们以为这样子就把那些缺的觉补回来了。可是实际上，这样补觉不正确。

人处于深睡状态时，神经、肌肉处于完全放松状态，醒来后自然神清气爽。但如果睡得时间太久，就会使神经肌肉处于紧张状态，影响精神情绪。人的深度睡眠也就是有效睡眠其实只有几个小时，其他的都是无效睡眠。有的人希望通过周末狂补一周以来缺失的睡眠，于是大睡一天，但第二天还是感觉很累，没休息好，呵欠连天就是这个原因。

正确的补觉方法是：

(1) 保证睡眠质量

认真安排睡眠环境。白天睡眠需要黑暗、安静的环境，所以要用厚重的窗帘挡住阳光，或用特殊的不透光窗户。周围环境嘈杂时，可以佩戴舒适的耳塞。还应当有一个舒适的床垫。睡前最好洗个温水澡或进行简单的自我按摩、做放松操。选择良好的睡姿。建议采取右侧卧位，俯卧位最不可取，枕头的高度应适宜。

(2) 保证睡眠时间

保证7~8小时睡眠。一般来说，夜班工作者在24小时内的睡眠时间应保证在7~8小时。如果实在无法安睡，可在医生指导下酌情服用催眠药物，但切勿形成药物依赖。一般从早晨睡至午后为宜，切忌无节制地补觉。

别总靠咖啡、香烟提神。如果睡不足7小时以上，就应当学会小睡，哪怕能睡 10~20 分钟，也可以使上班时大脑清醒、精神振作起来。长期依靠咖啡、热茶及香烟来维持兴奋的方式是不可取的。

（3）适当活动

起床后应进行适当的室外活动，如读书看报、侍弄花草，或游园逛街，以活筋骨、舒身心，进而提高工作效率。

（4）加强营养

无论是体力劳动还是脑力劳动，长期上夜班的人都要比正常作息者的消耗大，所以，需适当加强营养。上夜班者，中间要加一次餐。下夜班后，不要空腹就寝，应适当进食后再休息，但也不能饱餐后立即上床睡觉，甚至吃饱一顿沉睡一天，更不能一点儿不吃，倒头就睡。在加餐中，应多吃易消化的富含蛋白质和碳水化合物的食物，如豆浆、菜汤、甜点、新鲜水果和蔬菜等，这样可满足白天睡眠时的热能和体液代谢之需。此外，为了维持正常的视觉，可多吃些富含维生素 A 的食物，如动物肝脏、奶类、蛋类等。

补觉还可以通过分段式睡眠法来补充，也就是说把睡眠拆开，不要一次睡太长的时间，通过多次睡眠来保证每天总的睡眠时间在 6~8 小时左右。比如在上班路上打个小盹，地铁里"眯"一下，中午睡个小午觉，工作两小时后闭目休息十分钟都是不错的补觉方式，这些方式虽然时间短，但效率很高，往往对下一时间段的工作有很大的帮助。

补觉是熬夜后的一种补救方式，如果可以，最好还是少熬夜加班，在白天完成当天的工作，这样既减少压力，又能保障健康。

 8. 注意睡姿，睡姿不对越睡越累

正确的或者说是适合自己的睡觉姿势是良好睡眠的基础。姿势不合适，一是睡眠不深容易醒，二是对身体不健康。

向右侧卧，身体轻微弯曲是最好的睡姿。因为人的心脏位于胸腔左侧，胃肠道的开口都在右侧，肝脏也位于右侧。如果右侧卧的话，就可以减轻心脏的压力，有利于血液循环，增加胃、肝等器官的供血流量。右侧卧姿势还能让全身肌肉放松，保证呼吸通畅，且能使心、肺和胃肠的生理活动降到最低限度。

右侧卧睡姿因为心脏不受压迫，肺脏呼吸自由，所以全身在睡眠状态下所需要的氧气供给就很充分，使大脑得到良好的休息，睡眠质量也就高。但是这种姿势影响右侧肺部运动，不适合肺气肿的患者，患有食管回流及消化功能障碍的病人不能右侧睡。心脏病患者、冠心病、心绞痛患者都适合选择右侧卧姿势。

仰卧也是比较健康的睡姿，因为仰卧能使头、颈及脊椎处于自然的生理曲线，而其他睡姿可能会扭曲后背。但也有人认为仰卧身体不够放松，而且手容易放在胸口，让心脏在睡眠中有压迫感，做噩梦，影响睡眠质量。

左侧卧姿势也是不少人选择的，这种姿势从健康的角度来说并不可取。左侧卧不仅会使睡眠时左侧肢体受到压迫、胃排空减慢，而且使心脏在胸腔内所受的压力增大，不利于心脏的输血。

以手当枕也是一种常见睡姿。可以想象，枕着手臂入睡，一睡就是几个小时一动不动。当我们从睡梦中醒来，才发现手臂不听使唤了。这种睡姿一是让血脉不通，很快就让手臂进入麻木状态，二是睡眠会受到影响。当我们的手臂麻木后，我们势必会醒来，这样想再接着睡，就不太容易了。

最不利于健康的睡姿无疑是俯卧了，也就是我们常说的"趴着睡"。因为它不仅无法保证脊柱的放松，还给关节和肌肉增加了额外的压力，这种额外的压力会刺激相应的运动神经，最终你会觉得一觉醒来，不仅不解乏，身体某些部位反而有麻木、刺痛感。"趴着睡"还会对心脏构成压迫。如果时间过久会出现心脏不适或呼吸困难等症状。特别是肥胖体质的人，更不要"趴着睡"，它可能影响到周身气血的运行，有可能会睡出危险来。趴着睡如果感到有憋闷的情况，应立即改变睡姿，垫高枕头，保证气血顺畅。

睡姿有针对性，每个人的睡姿都是自己喜欢的，大体上怎么睡着舒服就怎么睡，但是就病人而言，最好还是遵医嘱，选择一种比较适合自己身体状况的睡姿。不良睡姿会造成骨骼变形、肌肉紧张、血液循环不畅。如果觉得不舒服时，身体会提醒我们"睡的不对"，这就是人们有时候翻来覆去越睡越累的原因。

员工健康手册

9. 营造睡眠环境，轻松入睡

睡眠环境对于睡眠质量影响很大，所以要想有好的睡眠质量，就要营造良好的睡眠环境。

(1) 睡眠环境首先要舒适

卧室的色调要选用暖和的，使人有温馨感的颜色。比如粉色、樱桃红和淡蓝色都是柔和而使人心情平静的色调。卧室整体色彩主要是看个人喜好，比较安全的做法是用浅色（白、米、灰、褐）作为基调，同时按照个人爱好添加各种图案和质地的饰品（比如靠垫、窗帘、各种摆饰等）来增加情趣。浅色的优点在于容易搭配配饰，可以根据季节来装饰，也可以放心地加入其他色彩元素。而暖色系（红、橙、黄）则能让室内充满温暖。同时，还要考虑到房间的朝向。朝南向阳的房间用冷色系较好；而朝北较暗的房间用暖色较好。

窗帘的颜色与墙壁的颜色不能相差太多，大体上一致不容易让人感到突兀。床单、枕套都要选用自己喜欢而且浅色柔和的，用高度符合人体科学的枕头，软硬合适的床垫，有助于快速入眠。

(2) 卧室光线要柔和

卧室是用来睡觉的地方，因此，采用的灯光应该尽量柔和、温暖，营造放松的氛围。总的光源应该是从天花板来，但也可以根据需求来加一些辅助光源。比如在衣橱上方装灯，可以快速找到你要的东西。为了方便，你可以在床边加装床边灯，使你不离床而能开灯。如果喜欢在床上阅读，可以在床头安装壁灯或小桌灯，安装的高度要以能照到整本书为限；为了让光线更柔和一些，最好在上面加一个灯罩。

入睡以前可以开个小灯，以橘黄色为佳。睡眠区光线要暗，卧室应用厚的窗帘或百叶窗来隔绝室外的光线。

（3）卧室要隔绝噪声

如果室外有明显噪声，要注意关紧门窗，关掉电视、手机等会发出声响的东西。不得已不要开空调，空调的噪声也会干扰睡眠，而且开空调会让室内干燥，早上起床会产生咽喉不适等症状。

（4）保持卧室内空气流通

要获得良好的睡眠质量，应保证室内空气的清洁、新鲜，睡前开窗通风必不可少。睡前先打开窗户一小会儿，可以使室外的清新空气与室内的污浊空气进行充分交换。空气不流通不仅会影响睡眠质量，还会让大脑缺氧，导致精神萎靡，嗜睡，如果卧室长期空气不流通，会引起神经衰弱，严重的还会引起全身器官慢性衰竭。睡时不要忘了关上窗户。不要在室内吸烟，因为门窗关上后，烟雾也会使人不能安睡。

（5）保证室内湿度温度稳定

夏天太热冬天太冷，这都会影响睡眠质量。如果是气候变化明显的城市，我们可以采用装空调的方式来避免太热或者太冷带来的干扰，不论夏天冬天，30℃都是比较合适的温度。同时冬季室内太干燥的话，可以用加温器来增加室内湿度，以免半夜口干舌燥的感觉影响睡眠。

良好的睡眠环境与优质的睡眠质量息息相关，不要忽视任何一个影响睡眠的环境因素，这样才能睡个好觉。

10. 克服睡眠障碍，摆脱失眠困扰

失眠指的是入睡困难、睡眠中间易醒及早醒、睡眠质量低下、睡眠时间明显减少，有严重的患者还彻夜不眠等。失眠是件很让人痛苦的事情。长期失眠会让人心情烦躁，疲惫不堪，有的会头痛、体重减轻，记忆力减退，严重的还可能诱发一些身体或者心理疾病。

常见的失眠现象主要表现在以下三个方面：一是入睡时间长，上床很长一段时间还是没有睡意。二是入睡后稍有动静就被惊醒，醒后又不容易再睡着。三是睡眠达不到深度，总在半睡半醒之间。失眠的原因因个体不同而略有不同。

(1) 环境改变失眠

有的人习惯在某一个固定的环境中入睡，若是换个新的环境，就会很不适应，造成失眠的现象。这种情况一般来说都不会影响身体健康，适应或者还原固定的环境就可以了。

(2) 生物钟改变失眠

人的生物钟在受到干扰和改变后会引起失眠。比如中午午觉睡得太久，或者是很少睡午觉忽然大睡一次都会影响晚上的睡眠。克服这种失眠就要生活规律，不随意改变。

(3) 病痛引起失眠

由于身体疾病，患者在晚上有可能病痛加剧，从而难以入睡。这需要首先从疾病方面治疗，只有缓解病痛或者从根本上治愈疾病才能更好地入睡。

（4）药物失眠

因为身体需要而服用了某些药物，这些药物会让神经系统短时间内处于兴奋状态，让患者一时难以入眠，如果是必须用药，可以提前在睡前四五个小时服下，以免干扰睡眠。

（5）情绪失眠

这类失眠症状是最常见也最难治疗的。当人在情绪不稳定时，会产生心绪烦乱、焦躁、紧张、害怕、愤怒、憎恨等各种各样的情绪，这使得他们就算是困得很严重却依然无法入睡。无法入睡会让这些不稳定情绪加剧，如此形成恶性循环，受尽折磨。

要想走出失眠的困扰，首先要根据自身的情况，找到失眠的根本原因，对症下药，从根本上摆脱失眠。大体上我们可以从这些方面入手：

（1）坚持锻炼

经常运动可以促进人体的血液循环，促进新陈代谢，改善机体的供氧和用氧能力。

（2）保证心情愉快

不要太计较小事，也不要把事情看得太重。凡事看开一些，不要让坏情绪常驻心头。愉快的心情能有效改善睡眠质量。而坏情绪则会让失眠症加剧。

（3）合理控制饮食

午餐晚餐都不宜吃得太饱，特别是晚餐，吃得太饱或太晚都会对消化系统产生过多的压力，茶、可乐和咖啡对于睡眠质量不太好的人是大敌，千万不要在睡前喝这些对胃有刺激性的物质。

（4）劳逸适度

不要因为想睡好而拼命让自己累，"累了就容易睡着"的观点并不正确，有时候太累了反而无法入睡。劳逸结合并适度才能对良好的睡眠有所帮助。确保在睡前一小时内不再用脑，让大脑保持安静的状态。

（5）饮食搭配合理

适量选用一些有助于神经功能的食品，能对睡眠起到辅助作用。

一旦失眠，不要有思想负担。不是每个失眠者都是病态，也不是每次失眠都会导致身体疾病。一个月之内如果出现一两次失眠都属于正常情况，不必担心。但如果经常失眠，就要注意从各方面排查，找到失眠根由，看到底自己的失眠来自于什么原因，并要对自己树立信心，相信自己能够克服失眠，如果是疾病原因，一定要积极配合医生进行治疗。如果自疗失眠，就不要一味依赖药物，这样反而会加重失眠症状，到一定程度，没有安眠类药物就无法入睡了。

生活中还有一些小招数，也可以改变失眠的症状。

（1）心情疗法

首先放松心情，不要把工作时的紧张和负面情绪带回家。家是温馨的港湾，是我们享受人生终极幸福的地方。回到家就要忘记工作，好好享受与家人在一起的快乐。与家人一起聊天、听听音乐（音乐可以选择舒缓、轻松型的）或者看看电视都可以起到让心情愉悦的作用。心情愉快压力自然就不在，到正常休息时间上床，一定会有一个好的睡眠。

（2）自我催眠

闭上眼睛，去除杂念，告诉自己应该入睡了，并充分相信自己一定能够睡个好觉。慢慢入静，保持一种安稳、祥和的心境。过不了一会儿就能进入梦乡。

（3）呼吸导眠法

平躺，保持心态平和，慢慢深呼吸，慢慢吐气，从上到下渐次提醒自己放松，如此反复数遍即可入睡。

（4）睡前泡脚

睡前用一大桶稍微有点烫的水泡脚。泡脚时间一般不超过半小时，以身上有微汗为好。泡脚可以有效促进血液循环，缓解疲劳，从而提升睡眠质量。

第二章 劳逸结合，工作再紧张休息不能忘

（5）克服心理暗示

有些人因为偶尔失眠而造成心理阴影，到睡觉前就开始紧张，生怕晚上会失眠睡不着。这是一种心理暗示，严重的会转化为心理疾病。睡觉时一定要抛开顾虑，说服自己，摒弃心理暗示带来的影响。可以在睡前冲杯牛奶，一是放松心情，二是牛奶中的钙可以帮助人体放松，特别是热牛奶更是有助睡眠。

（6）注意卧姿

明明已经很困了就是翻来覆去睡不着，这时你应该考虑自己的卧姿是否正确，也可能是刚换的床单被套对皮肤有刺激。调整卧姿，使身体彻底感觉舒适而轻松，看能不能入睡，不然该考虑换床单或者被套。

（7）放松自己

大脑处于兴奋状态时，就算躺在床上也是无法入睡的，时间长了，容易导致失眠。听些舒缓的音乐，使大脑放松放松。

总之，失眠并不可怕，只要用心调节，适当求助于医生，一定可以摆脱失眠的困扰，睡一个踏实安稳的健康觉。

第三章

职场运动新主张,科学合理更健康

运动不是简单的跑步做操,运动也不是心血来潮时挥汗如雨,忙碌时就草草了事或是完全不动,科学、合理、恒久的运动才是维护健康的好方式。

绿色生活,健康的生活方式。

 1. 运动要科学，办公族运动要诀

办公族由于缺乏运动，常年坐在电脑前，致使肌肉缺乏力量，支撑不住身体，很容易腰酸背痛，久而久之连身型线条都会走样，腰围上的赘肉越来越多，这让许多年轻人尴尬，尤其是爱美的女性，更是恨不得刀切手刃。同时由于位于腹部的深层肌肉组织和单个脊椎骨之间短小的肌肉难以得到锻炼，导致它们逐渐萎缩，形成一个十字状的疼痛区，带来背部的疼痛及颈部的僵直。办公一族可以说是迫切需要运动，需要锻炼，然而既没时间又没精力的办公族很多时候只能默默忍受身体带来的不适继续工作。

其实锻炼并不一定要在健身房，运动随时都是可以的。抛开场地因素，办公一族运动起来就没那么难了。

一些人因为平时缺乏锻炼，所以在周末的时候想方设法多运动，以超强度的运动来弥补平时的不足，这是不科学的，运动是一个循序渐进的过程，也需要量力而行，并不是强度越大起到的作用就越大。我们来介绍几种办公族的运动要诀。

要诀一：运动要靠坚持。运动并不是想起来就做，不想做就可以丢下的功课，要想有好的身体，就必须坚持锻炼。哪怕是在办公室伸伸懒腰，跺跺脚，也比久坐不动强。

要诀二：补偿式运动不科学。做运动需要正确了解自己的身体以后，再去制订有针对性的锻炼方式。每逢周末便加大运动量，在挥汗如雨中把缺少的锻炼找回来是错误的观点，有的人越锻炼身体越差，越运动越疲惫不堪，就是没有掌握正确的锻炼方法导致的。

要诀三：运动并不一定要强度大，温和运动也能起到强身健体的作用。办公室里做做简单的肢体运动，伸伸腿，拉拉脖子，站立和下蹲都可以起到很大的作用。

最适合办公族做的，不分时间，不分场地，随时都可以做的运动有以下八种。

(1) "BMW" 原则

就是在 Bus（公交车）、Metro（地铁）和 Walk（步行）中进行锻炼，比如踮着脚尖站、单脚站立等。

(2) 爬楼梯

对提高心肺功能、减肥作用明显，还能有效预防心脏病、高血压。

(3) 耸肩缩脖

坐得时间长了，肩背觉得不舒服，可以耸耸肩，做5～10次，但动作要慢，让颈肩部肌肉有酸胀感，对颈椎病可起到预防、缓解作用。

(4) 手部运动

双手握拳，握紧后放松，然后舒展手指，重复若干次；也可以转动手腕一分钟。

(5) 蹲马步

双脚同肩宽站立，屈膝成马步姿势，尽量多蹲一会儿。

(6) 办公室健身操

身体站直，将一只脚向后翘放在椅子上，另一只脚直立于地面，双手放在办公桌上；踮脚尖50～100次；双手手指互相握实，用整条手臂的力两手反方向互相拉扯；手掌放在桌面上，用力下压桌面。

(7) 伸展运动

长时间坐着工作会造成颈、肩和腰部不适，每40分钟做几下伸展运动，比如两手手指交叉相握，依次向上、向左、向右推，会让你感觉好很多。

（8）走路上下班

如果上班路程不是太远的话，最好是不要开车，走路上下班，既环保又健康。比如公司离家两站路程，每天就能走路达到接近一小时。如果家离上班的地点比较远，我们也可以提前两站下车，再步行回家，同样起到了健身的作用。每天坚持走路上下班，不仅会让您呼吸到新鲜的空气，欣赏到美丽的风景，还能让您活力一整天。

运动不是靠想象，也不是心血来潮，想做就做，不想做就放弃的。科学合理的运动才能起到健身的作用。办公一族平时比较辛苦，运动机会少，所以我们要利用任何一个可以锻炼的时间来为我们的健康保驾护航。

办公室人群缺少运动，怎么能短、平、快，在办公室有限的空间内让自己的身体得到很好的锻炼？伸懒腰、拉伸身体劳累的部位，放松片刻，可收到事半功倍的效果。

七大疾病困扰办公一族。

长期坐办公室的白领一族由于生活方式、工作压力等原因，容易产生职业病。具体表现为：

由于长期伏案，固定一个姿势写字、办公，办公室人群的颈椎病相当普遍；同时由于姿势的固定，容易使颈椎疲劳，出现骨质增生等症状，有的甚至影响血液循环，出现头晕等症状。

容易出现肩周炎。办公室人群手经常固定姿势打电脑，写文章，肩部的肌肉容易出现劳损，造成患者穿衣服、背挂包等时候疼痛。

手腕病，病因跟肩周炎相似，手腕肌肉劳损导致。

腰肌劳损，有的办公一族喜欢侧身工作等不正确姿势，导致身体一边肌肉发达，而身体的另外一边则被动牵引，导致腰肌劳损。

高血压。

过度用眼睛，视力下降，导致近视。

消化不良，吃喝不定时，容易出现便秘等症状。

走进办公室，每个细微的地方，只要细细琢磨，都可以有效防止白领一族的多发病。在电脑座椅设置方面：电脑椅子的高度要刚好使自己的肘部与键盘成一水平线；电脑显示器与人眼睛成水平10~15度，人的眼睛向下看，切忌仰视电脑；有的人喜欢看电脑的时候，将椅子摇来摇去，这种不合理的习惯也容易导致职业病出现，正确的方法是电脑放在人的正前方。

坐办公室时间：最好一个小时就要起来走一走，远视远处的楼房，做做健身操、早操等。对办公一族来说，头、手、脚的伸展运动都可以防止职业病。

办公族"保健操"。

双手捂住耳朵，手指弹动脑袋，10~20次，可促进大脑血液循环。

扯耳朵，右手经过后脑勺，往下扯动左耳垂；随后，左手经过后脑勺，往下扯动右耳垂，每次做10~20次。

练眼，双眼远眺窗外的景观，眼睛用力向下眨，可舒缓眼睛晶状体的疲劳。

"转颈"，脖子左左、右右、前前、后后，顺时针转动，再逆时针转动，可放松颈部紧张神经。

肩周的最疼点，采用压抓揉的手法，可缓解痛楚。

"搓脸"，双手相互搓热后，搓脸，使脸部发热，可起到活血的效果。

"伸懒腰"，反复数次。

双臂过头，扶住墙壁向下压，可拉伸、牵引劳累的肌肉。

"搓肚"，手掌搓肚皮顺时针搓动，再逆时针搓动，可帮助消化。

"腹式深呼吸"，平时我们采用胸部呼吸，可采用腹部深呼吸，一舒一张。

"提肛"，肛门缩起，放松，可防止痔疮等疾病。

散步。

不坐电梯，爬楼梯，办公室简单实用的运动。

2. 选择最适合自己的运动方式

谁都知道运动有利于健康，健康在于运动。但是那么多的运动方式，到底选择哪一种好呢？

其实任何一种锻炼方式都有它的长处和不足，要根据自己的身体状况、运动偏好和现有条件来选择最适合自己的运动方式。比如体质比较弱的人就不适合剧烈运动，可以选择轻微运动；但身体素质很好的人对那些轻微的运动又感觉"不过瘾"，那就可以选强度大一些的运动。要根据不同的身体素质来做不同的运动。再如不同的运动偏好，有的喜欢羽毛球、乒乓球这样灵动的运动，有的则喜欢拳击、举重，冲着自己的喜好去选择。选择了适合自己的锻炼方式，并长期坚持下来，才是最有意义的锻炼方法，也是最有利于健康的运动行为。

选择适合自己的运动方式，首先，我们要从运动强度来考虑。不大不小刚刚好的运动量最适合自己。如何判断呢？一般情况下，每次锻炼时只要身体出汗，稍微有些累的感觉，或者是肌肉有紧绷感，都算是达到了健身的目的。对于一般人来说，不运动是有损健康的，但是运动过量同样会对健康不利。特别是运动过量，会造成很严重的后果。近些年总有因过度运动致病、致死的。每个人体质不同，在运动时一定要根据自己当时的身体情况作出选择，不要跟风，更不要逞强。不可为了追求"立竿见影"而不顾自己的身体情况，尤其在身体不舒服的时候，更要注意锻炼的时间和运动量。如果你急于求成，明明身体已经吃不消了还要再坚持一会儿，明明体力已经严重下降还是不肯认输，认为还没有达到自己想要的效果，这种硬撑到最后必定会令你前功尽弃，要么几天不能坚持运动，要么会住进医院，影响了工作，伤害了身体。

其次，要考虑运动项目。不同的运动项目，对人的锻炼作用是不一样的，对人体素质的要求也不一样。如果身体好，可以选择一些强度稍微偏大的运动，比如说篮球、足球。如果身体素质一般或者说最近身体并不是很好，那就选一些相对消耗体力少一些的运动，比如走路，健身操或者慢跑都是可以的。

再次，要考虑运动时间。有的运动适合上午做，有的运动适合下午。这就需要我们结合自己的职业来考虑选择与自己时间不相冲突的运动，这样既不影响我们工作，也不耽误我们健身。

最后，要考虑的是运动对自身的作用。盲目地跟风运动并不可取，我们要根据自己身体的需要来选择运动。比如长期坐办公室的人要着重于腰、颈和腿部的运动，这样可以把自己的职业与运动更好地结合；而年龄偏大的人可以选择强心、对肺呼吸有帮助的有氧运动。不同的运动方式反映在人体的效果也各不相同。我们可以根据自己的身体需求，调整运动模式。

找到了适合自己的运动方式，就要坚持不懈地进行到底。坚持到底是指持之以恒，天天继续，久久为功，而不是三天打鱼两天晒网，忙的时候就放下，一周也没有一分钟用于运动，不忙的时候就增加强度，累的时候大汗淋淋，直不起腰还不肯停下来；这种极端的做法是起不到健身作用的，相反，还有可能伤害身体。健身是一个长久而循序渐进的过程，并不在于某一天的强度大就起作用，也不在于哪一天强度小了就不起作用。养成爱运动的习惯，不管用什么方式，只要适合自己的，对身体健康有帮助的，我们都可以去做。其实专门针对某一项运动反而显得单一，不如多项运动都参与更有益于身体健康。

3. 合理安排自己的运动量

运动量对于健身效果和持之以恒都有很大影响。运动量太大，极容易造成身体的疲乏，既影响工作也不利于坚持。运动量太小，又达不到健身的目的。所以，要坚持运动，就一定要合理安排好每天的运动量。

想要开始运动的人群，首先要在了解自己身体状况的基础上再制订相关锻炼计划。通过填写目标训练距离、期望训练强度、训练周期等开始进行自己的运动之旅。贸然进行大量的超强度的训练无疑是让自己健康更一步受到损害，是极其错误的行为。像很多都市上班族，尤其是电脑族，平时很少运动，而且不注重定期体检，并不了解自己身体状况，如果突然剧烈运动对身体反而是一种伤害。

从年龄上来讲，如果你是二十多岁的男性，那么可以做一些户外运动，比如球类运动以锻炼肌肉，增强心肺功能。这个年龄段的女性可以选择跑步或骑自行车，但是都要从慢到快，不能一开始就快速进行。

三十多岁的男性不要一开始就做剧烈运动，运动前要先热身，防止拉伤。三十多岁的女性，身体新陈代谢减缓，可以选择室外慢跑，或者快步行走进行锻炼，每天坚持30分钟最好。

年龄到了四十岁，男性应选择慢跑等低强度的运动，以强壮关节和心肺，女性应增加一定强度的力量训练，有助于减缓骨质疏松和发胖。五十岁以上的男性可选择有氧运动，如快步走、游泳与自行车等。而这个年龄段的女性，则可以选择游泳和慢走。无论哪一个年龄段，都要根据自己的实际情况，作出理性规划，再循序渐进，运动是一个过程，不是一蹴而就的事。

一定要记住,运动重要,但绝非运动越多越好。相反,长期坚持强度过大的运动,身体会出现各种不适,带给身体很多伤害。

(1) 造成精神依赖

长期大量的运动会使身体长时间处于兴奋状态,这种兴奋可以像"止疼片"一样抑制身体各种疼痛。如果忽然停下来不运动,便会产生沮丧、抑郁、易激动、焦虑不安等不正常的感觉,这便是人们常说的"运动瘾"。

(2) 使机体免疫功能受到损害

适当的运动可以提高人的免疫力,增强人体抵抗力,但是过度运动会适得其反,过量运动所产生的免疫抑制蛋白可引起免疫细胞死亡,使免疫细胞数量减少,淋巴球数减少,中性白细胞功能减退,从而降低机体免疫力。机体一旦免疫力下降,就无法阻挡细菌侵入,容易染上疾病。

(3) 造成运动能力下降

有研究表明,过量的运动会导致缺铁性贫血。因为贫血,运动能力就会不足,各器官系统功能都会随之下降。这种人常常会有食欲下降,精神不振,情绪焦躁,易感冒的情况发生。

(4) 导致机体容易受伤

过量的运动会使不堪承受的身体经常受伤。因为运动过量中枢神经系统容易疲劳,大脑皮层功能下降,反应迟钝,精力不集中,动作不协调,自我保护意识差,所以受伤的概率大大增加。

(5) 诱发意外

超负荷运动会使心脏循环系统不堪重负,需要的血液量和氧气量会突然增加,而供给量却相对减少,在这种血、氧供不应求的状态下,运动者的心脏会出现急性缺血,继而出现心脏骤停和脑血流中断。除非经过专业的特殊训练,否则不要轻易强化运动量。

运动的目的是为了强健身体,如果因为过度过急的训练而失去健康,那我们的运动就变得毫无意义，或者说是变相的伤害。所以，哪怕你再有强烈的愿望希望通过运动来促进自己的健康，也要合理安排自己的运动量，在坚持运动的过程中一步一步慢慢加大运动量，不要一时心急，做出伤害自身健康的事情来。

4. 多去户外,不要过分迷恋健身房

现代健康事业发展很快,运动锻炼也花样翻新,许多新型的运动器械和运动方式也层出不穷,于是室内运动越来越时髦,也越来越受到更多人的喜爱。许多人一下班就往健身房跑,在那里挥汗如雨,在那里酣畅淋漓,很是惬意。他们之所以爱往健身房跑,一是附近没有很好的锻炼场所,二是因为健身房有专业的教练,还有就是健身房有自己经常碰面的同行,偶尔还可以与他们切磋切磋。但实际上,虽说室内运动有室内运动的优势,但户外运动却更有利于健康,因为健身房也有很多不足。

(1) 室内空气循环差

健身房人多,比如操房、瑜伽房、舞蹈房等等。大家都在这里做着各种各样的运动,由于人多,室内空间受限,而大家做的又都是有氧运动,造成空气浑浊,呼吸不到新鲜空气。

(2) 新装修污染源有碍呼吸

不少健身房开业会搞酬宾活动,这时人格外多。我们常常一进门就会闻到刺鼻的气味。这是因为新装修的缘故。这些气味都是对人体有害的,特别是当我们做运动时,吸入的有害物质会更多。

(3) 消毒不严

健身房里所有的器材时时都在换人使用,但是消毒却只在下班后进行。也就是说不可能在每换一个人后进行一次彻底的消毒,这在卫生上是不达标的。健身是为了更健康,但在卫生不达标的健身房去寻求健康似乎很滑稽。

(4) 吹空调不如去室外晒太阳

夏天温度再高，在健身房健身也可以不出一滴汗。因为天气太热，考虑到健身者难受，所以一般健身房的空调都开得大大的。这种健身方式有可能是炼出了肌肉，却患上了感冒，得不偿失。不如到户外晒晒太阳，在沙滩上做个日光浴更有效果。

所以过分迷恋健身房并不利于健康，健身房装修再高档，器具再多，始终赶不上在天然空气中锻炼来得舒适。

走出健身房到户外去，你会发现，原来有那么多健身房感受不到的快乐。户外运动可以陶冶人的情操，使人心情愉悦。广阔的大自然，美丽的风景，让人心情愉快，一直以来学习和工作的压力带来的持续性的大脑紧张在户外运动过程中逐渐放松，给人一种如释重负的感觉。户外运动锻炼身体，促进新陈代谢，增强体质。户外运动过程中，身体里的每一个细胞都被唤醒，体内的废气不断与大自然的新鲜空气交换出去，加快了体内毒素的排出，促进新陈代谢。户外运动还可以广交良师益友，开阔眼界，提升人缘。户外运动一般都不会单独行动，通常都会呼朋唤友，集体行动，一方面是为了安全，可以互相照应，另一方面可以增加趣味性，让户外活动不单调。通常在户外活动中，可以通过朋友之间的交集，认识更多新的朋友，交流更多的生活心得和工作经验，开阔眼界，提升人缘度。所以，别太迷恋健身房，多去户外做运动，同样的运动，带来的感受和效果却是不一样的。

比如跑步。都是有氧运动，在跑步机上不流汗，却跑得呼吸困难，坚持半个小时就腿发软，心发慌，而在户外，几个人一起，在蓝天下跑着，呼吸着新鲜的空气，不知不觉，跑出了跑步机上从来没有过的长度，而精力还很旺盛，还可以再继续。

再如游泳。同样是一池水，户外的水里有阳光。阳光照射下的水温正好适合此时你的心情。三两个朋友一起比一圈，划回来，坐在岸边看垂柳在水面摆动，听鸟在树上唱歌，你还会怀念健身房里的味道吗？

还可以去户外骑自行车、徒步旅游、登山、徒手攀登、野外露营、定向越野、速降等。登山是健身房里不可能做的运动，在户外却可以。爬到山顶，一览众山小，感受来自大自然的魅力，吹着山风，闻着健身房里不可能有的花香，那种神清气爽会让你再也不愿去健身房。

任何一种运动只要你喜欢，在户外都可以不受限制，远离城市中的快节奏，回归大自然的平静安宁，就会发现，原来户外运动真好。

5. 每天坚持运动最少30分钟

身为职场人，人们有太多的无奈与辛苦，所以即使是制订了再完美的健身计划，也有被终止的时候，想要坚持每天运动实在是太难了。有的人一没空就完全搁置了运动，一有空就增大运动量拼命运动，前面已经说过这样都是不科学的。运动太少，身体不好；运动太多，也不利于健康，那么多大的运动量最有利于健康呢？每次坚持运动最少30分钟，2~3天一次，最有利于健康。

为什么是30分钟？因为太短达不到健身的效果，时间太长又会令身体负荷太重，起到相反的作用。丹麦的一项研究发现，与每天锻炼一小时、连续锻炼3个月的参与者相比，每天锻炼30分钟、连续锻炼3个月的参与者减掉的体重和脂肪同样多。尽管锻炼一小时的人燃烧了双倍的热量，但减掉的体重没什么不同。这是因为当人运动时，身体为了维持运动就要提供能量，那么首先它会动用身体内的糖原，当运动到一定时候，身体内的储备糖原已经不能为身体提供能量时，就会用蓄积在体内的脂肪来提供能量，也就是所谓的脂肪燃烧。那么有氧运动要持续30分钟以上就很好理解了，因为前30分钟是在利用体内的糖原供能而不是脂肪，只有在糖原消耗尽时，也就是30分钟后，才开始真正燃烧脂肪！所以最少需要30分钟。运动时间太短，运动能量来自于糖原，不能达到消耗脂肪的效果。但也不可太长，最好不要超过两个小时。

由此可见，锻炼的时间并不是越长越好，不低于30分钟不高于2个小时是比较合适的。

那么如何才能让自己在百忙中坚持锻炼 30 分钟以上呢？这是很多职场人头痛的问题。坚持不下来的原因有很多种，上班累、时间少、自己信心不足、受天气影响等。其实动点小心思，要坚持下来也并不是太难。

（1）与他人一起运动

与同事、朋友或者其他人一起运动有许多好处。一是可以增加锻炼时的乐趣。在锻炼时相互之间可以谈谈心事，说说工作，讲讲时事，缓解运动的劳累，还可以相互鼓励，相互支持。同时，有一个健身的伙伴后，可以相互在进步上作一些比较，从而让自己有超过对方的动力，从而坚定坚持锻炼的信心。

（2）多种运动选择

只做某一项或者几项自己喜欢的运动难免有些单一，时间一久，就有些单调的感觉，难以让自己坚持下去。尝试参与更多健身项目，让自己对其他项目有新的认识，提高对健身的热情，让自己不由自主地想去健身，想去参与那些新的项目。项目多，运动时不会感觉单一无聊，而且每项运动对身体的好处都不同，对于健康更有利。

（3）戴上耳机，不让别人打扰你

锻炼时可能会有人打扰，可能会因为周围环境太吵而心生烦躁，这时你可以戴上耳机，与外界的噪音隔绝。然后，播放一段美妙的音乐，让自己在不知不觉中完成锻炼。锻炼时听音乐还可以缓解疲劳。一段音乐，与一项健身项目完美结合，你的目的就达到了。

（4）确保充分的休息和恢复

再强壮的牛也有累的时候，人更是如此。当你做完健身疲惫不堪的时候，一定是希望自己能够好好地休息一下来恢复体力。但有时候事与愿违，由于工作职位的原因，也许你正在大口喘气的时候，电话响起，你不得不回到工作上来。经常这样就会影响健身的兴趣，因为总是休息不好，运动就给身体带来了多余的负担。所以锻炼重要，休息更是重要。只有保证充分的休息，才能在下次锻炼的时候有足够的体力。这样做还可以帮助你避免受伤和过度训练，因为一块疲劳的、被过度训练的肌肉，相当于一块"死肉"，是不会继续增长的。

（5）目标不要高得看不见

设定一个目标，能让自己向着这个目标不断地前进。但是目标太远太高，让自己一时企及不到反而会产生失败感。所以你的目标应该是短期的，容易达到的。人总是喜欢成就感，在短时间内达到了自己预期的目标，这会让自己信心大增，对健身的兴趣更浓，而不会想到坚持的难度，也不会抱怨锻炼的辛苦。

（6）记下自己的进步

计步器、心率监控器和秒表都能够帮助你详细地记录下你今天跑了或走了多远、多快，燃烧了多少热量。从这些数据你可以看到自己的进步，并且会有一定的成就感。哪怕只是与昨天有很小的差别，也会让自己在心理上认为这是自己的努力得到的进步。利用这些工具来设立新目标，提高锻炼的动力。

（7）"微型"健身运动

太忙碌的生活有可能让你觉得健身是负担，很多时候都有想放弃的念头。这时如果自己不想办法来改变自己的想法，就真的只能放弃了。你可以选择只做一项轻微的运动，仅仅只是起到保持运动健身的习惯就行。时间不用太长，这样不至于健身的生物钟被打乱，有利于把健身坚持下来。

（8）给健身留出时间

固定的健身时间让你会习惯在某一个时间点上自动放弃手上别的工作，去往健身房。我们要从心理上重视健身，把健身与工作看成同样重要的事情，事实证明，在早上健身的人会比在午后或晚上健身的人获得更好的效果，因为人在早上精力会更集中，体力也更充沛，如果时间允许，最好选择上午做健身锻炼。

（9）学会奖赏自己

受到奖励会使人有一种继续努力、获得更大成绩的向往。哪怕是自己对自己的奖励也可以让人在心理上认定自己的成绩，并为自己的进步感到高兴。专家表示经常奖励自己的健身者达到"美国运动医学院运动标准"的可能性要高出两倍。所以在你不断提醒自己要坚持的同时，不要忘了给自己奖励。

每天运动30分钟以上，这并不包括我们的手臂活动和身体活动等准备运动的时间，这几十分钟内我们的心跳要达到一定的强度才是有效的锻炼。

 6. 坐着也能运动的"懒人锻炼法"

不管什么时候，多动动都是好的。只要想运动其实随时随地都可以找到锻炼身体的方式，就看你个人做不做。如洗脸刷牙的时候也可以踮着脚，小腿就运动了，要想增强自己大腿的力量，一边看电视一边扶着椅子，做半蹲运动，这样对关节造成撞击，肌肉都在运动，一能增强肌肉，二能保持骨骼的坚韧性。

但现代上班族工作太忙，平时又太累，"懒得运动"成为许多人迫不得已的选择。"懒人"太多，所以就有了"懒人锻炼法"。懒人锻炼法，也叫隐蔽式锻炼。把脚放在地上，我们的运动方法是在脚底下使劲。对于职场办公一族来说，懒人锻炼法是很有效的一种运动方式。

敲敲大腿前侧。平时随时可以敲大腿前侧，能够调胃气，对人的气血非常有好处。

拍拍膝关节。上班族可以坐着拍膝盖关节，减轻下肢压力，促进血液循环。坐椅子的时候将两条小腿用力盖在一起，从1数到8后再交换两腿。反复此动作，呼吸不要停止，这样可以锻炼小腿线条。另外膝盖不要弯曲，将一条腿抬起，再放下，反复此动作8~10次再换另一条腿，可以去掉大腿两侧的赘肉。

做脚部放松活动。坐在椅子上，抬起脚尖，同时用力收缩小腿及大腿肌肉，然后用力抬起脚跟，小腿及大腿肌肉保持收缩15秒，然后放松。如此反复做5分钟，可以改善腿及脚部的血液循环状况。

双手放在大腿上，掌心向上用力握拳，然后按拇指、食指、中指、无名指、小指的顺序依次伸开手指。反复做同样的动作，左、右手指各做 12 次。可缓解手部肌肉疲劳，促进血液循环。

吸气时放松腹肌，呼气时收缩腹肌，如此反复做 3 分钟。可起到增强肠胃蠕动、促进机体新陈代谢的功效。

标准的坐姿，目视前方，双手放在大腿根部，小腿垂直地面。接着抬起右脚，呈 45 度角，注意脚尖要绷直，然后缓缓放下，重复 3~4 次后，换左脚进行同样的练习。

标准坐姿，目视前方，双手放在大腿根部。双脚贴合，脚后跟抬起，拉紧小腿线条，保持时间越长效果越明显，非常适合经常坐着上班的白领们，当腿感觉到酸痛时，可停下来稍作休息，然后再继续。

标准坐姿，目视前方，双手垂直放在大腿两侧。右脚向前踢出，注意脚背绷直，大腿与小腿要保持在一条直线上，放下抬起 5 次后，换左脚进行同样的练习。如果时间充足，可每天按上午、下午多做几组。

坐着工作，双脚却是闲着的。我们可以一边工作一边用双脚不停地抓地，然后旋转双脚以活动踝关节。经常练习这个动作，可以有效缓解疲劳，防治失眠、头痛、眩晕。

提肛运动。对于患有便秘的朋友来说，做提肛运动也能帮助缓解。具体的动作是，吸气时收腹、迅速收缩并提升肛门，停顿 2~3 秒，再缓慢放松呼气，反复 10~15 次。

做四肢运动，缓解疲劳。坐在椅子上，伸直身体，两肩向后用力使背肌收紧，两肩胛骨靠拢；也可以身体紧缩收腹，双手用力支撑，收紧臀大肌，臀部从椅子上微微抬起；或者双腿屈膝抬起，双手抱住小腿，尽力使膝盖贴近胸部；再或者双手叉腰，左右转动腰部至最大幅度。这几组运动都能起到缓解四肢酸痛的作用。

锻炼的方法有很多种，只要你愿意去做，坐着、站着都可以运动，都可以起到健身的作用，所以行动起来，为健康加油。

7. 上班族，做做护眼操

护眼操是一种保健体操项目，它可以提高人们的眼保健意识，调整眼及头部的血液循环，调节肌肉，改善眼的疲劳。它通过对眼部周围穴位的按摩，使眼内气血通畅，眼部得到放松。上班族从早到晚眼睛疲惫可想而知，所以一定要经常做做眼保健操，保护眼睛，维护视力。

第一节：按揉攒竹穴

攒穴位于眉毛头部，靠近鼻梁处。用双手大拇指螺纹面分别按在两侧穴位上，其余手指自然放松，指尖抵在前额上。随音乐口令有节奏地按揉穴位，每拍一圈，做四个八拍。

第二节：按压睛明穴

睛明穴位于眼角与鼻梁之间。用双手食指螺纹面分别按在鼻梁两侧穴位上，其余手指自然放松、握起，呈空心拳状。随节拍口令有节奏地上下按压穴位，每拍一次，做四个八拍。

第三节：按揉四白穴

四白穴位于眼眶下方的凹陷处，按揉时，手指不要移动，按揉面不要太大，连做四个八拍。

第四节：按揉太阳穴，刮上眼眶

用双手大拇指的螺纹面分别按在额头两侧太阳穴上，其余手指自然放松、弯曲。伴随音乐口令，先用大拇指按揉太阳穴，每拍一圈，揉四圈。然后，大拇指不动，用双手食指的第二个关节内侧，稍加用力从眉头刮至眉梢，两个节拍刮一次，连刮两次。如此交替，做四个八拍。

第五节：按揉风池穴

风池穴在头额后面大筋的两旁与耳垂平行处。按风池穴可以防止头痛、头重脚轻、眼睛疲劳、颈部酸痛、落枕、失眠、宿醉。

第六节：揉捏耳垂脚趾抓地

耳朵和脚趾都是有穴位的，常运动这些部分会耳聪目明，对缓解眼睛疲劳大有帮助。

眼保健操要领歌：指甲短，手洁净。遵要求，神入静。穴位准，手法正。力适度，酸胀疼。合拍节，不乱行。前四节，闭眼睛。后两节，双目睁。眼红肿，操暂停，脸生疖，禁忌症，做眼操，贵在恒，走形式，难见功。

对于办公一族来说，眼睛的疲劳比任何器官都要严重。所以，除了平时多做眼保健操外，我们还要注意生活中的小细节，从多个角度保护眼睛。

让眼球做运动：如果盯着电脑屏幕已经一小时了，需要做一些眼球运动来缓解眼睛疲劳。先闭上眼让眼睛休息几秒钟，然后分别向上、向左、向右和向下望，相同的动作，反复几次。

眨眼睛：眨眼动作可以促进眼睛分泌泪水，并将含很多成分的眼泪均匀涂于眼球表面，保持眼部湿润。很多人因为太专注于工作，长时间盯着电脑屏幕忽视了眨眼睛，导致眼睛干涩不适。忙里偷闲，眨几下眼睛，有助于清洁眼表面，也相当于给眼睛做一次按摩。

坚持按摩解疲劳：看资料时或开会间歇，用双手大拇指轻轻揉按眉头下面、眼眶外上角处；也可用食指和中指指腹在眉弓处由内向外轻推至太阳穴轻按，重复5~6次。长期坚持不仅可以缓解眼睛酸涩疲劳，还有助于视力的改善。

佩戴合适的眼镜：进行视力测试以纠正任何潜在的视力问题。

把电脑屏幕设成浅绿色：多看绿色的东西有助保护视力，长时间运用电脑工作的人容易眼睛疲劳，除了随身准备一瓶人工泪液以免眼睛过于干涩，你可以把桌面、资料夹底色、浏览器外框等等，在设定中调为浅绿色调。

维持良好的饮食习惯：不要为了工作而忽略你的任何一餐，充足的营养能令眼睛得到保护并维持其运作。多吃水果、坚果、绿叶蔬菜等这些含高维生素 C 及 E 的食物。

无论是生活中各种护眼方法还是做眼保健操，都要持之以恒，才能起到保护眼睛的作用。

8. 午休时间 5 分钟锻炼法

忙忙碌碌一上午，终于到了午休的时候，可以松口气了。大部分人都是"中午不睡，下午崩溃"。所以选择中午睡一会儿的人很多，但是两个小时不必全用来睡午觉，留个 5 分钟，锻炼一下，对身体有不少好处。

5 分钟，也许有人会说 5 分钟我能做什么运动？能起到什么作用？还不如坐下来休息 5 分钟实在。其实不然，5 分钟，对于一些健身操来说，足够了，既起到了锻炼作用，又不会花很多时间。

那么，5 分钟可以怎么锻炼？

(1) 深呼吸

打开窗户，站在窗口，深吸一口气，使胸部膨胀，达到极限后，屏气几秒钟，逐渐呼出气体。呼气时，先收缩胸部，再收缩腹部，尽量排出肺内气体。反复进行吸气、呼气，每次 3~5 分钟。深呼吸能清除废气，镇静神经，消除大脑疲劳。

(2) 头颈部"米"字操

在脑海中想象写"米"字的镜头，头颈跟随想象，依次做点、撇、横、竖、撇、捺的动作。注意每"写"一笔，都要从中点始发并回归中点（指摆正头部、双目向前平视的中立位）。运动力度应自然适中，节奏均匀。每日可做数次，每次至少 4~5 个"米"字。

做"米"字操对颈椎病可起到预防、缓解作用。疏通经络，调和气血，活跃颈部血液循环，协调颈椎关节和肌肉韧带，特别适合久坐于电脑前的人群。

（3）肩部活动操

自然站立，左肩先向前绕环，重复十次左右，右肩再向前绕环，重复十次左右；身体面对正前方，一臂向异侧方向平举，另一臂弯曲，并向内拉引直臂，五指尽量伸展，然后交换重复。肩部操通过对肩部韧带的伸拉，加强肩部的血液循环，从而缓解肩部的酸痛感和疲劳感。

（4）腰部扭动操

坐式：选高低合适的椅子坐好，两脚尖抵一固定物两手置脑后。先慢慢后仰至最大限度，然后还原，呼气。

站立式：双手撑腰，从左向右，做腰部环绕动作。然后从右向左，做腰部环绕动作。重复至少五次以上。长期坐在电脑前，腰部的承受力比其他部位要大，容易疲劳。扭腰可以增进腰部肌肉的柔韧性，缓解腰部疲劳。

（5）跳绳、举重

轮流两分钟的快速跳绳，配合一分钟的举重健身器材运动，要不断活动，保持高心跳率，消耗的卡路里也会比较多。每一次使用不同的举重器材，以确认能运动到不同的身体部位。这样轮流做10次，最后利用腹部运动来松口气。

除了这些运动，还有一些简单易行的"小动作"做个5分钟也可以起到健身的作用。

梳头：用手指代替梳子，从前额的发际处向后梳到颈部，然后弧形梳到耳上及耳后。可改善大脑血液供应，健脑爽神，并可降低血压。

弹脑：端坐椅上，两手掌心分别按两侧耳朵，用食指、中指、无名指轻轻弹击脑部。有解除疲劳、防头晕、强听力、治耳鸣的作用。

扯耳：先左手绕过头顶，以手指捏住右耳尖，向上提拉，然后以右手绕过头顶，以手指捏住左耳尖，向上提拉，可达到清火益智、心舒气畅、睡眠香甜的效果。

练眼：在做视力集中工作时，每隔半小时，远望窗外一分钟，再以紧眨双眼数次的方式休息片刻，也可做转眼珠运动。这样有利于放松眼部肌肉，促进眼部血液循环。

转颈：先抬头尽量后仰，再把下颌俯至胸前，使颈背肌肉拉紧和放松，并向左右两旁侧倾，能收到提神的效果。

锻炼身体不一定要有多大的场所，也不一定要有固定的时间，更不是"大动作"才算得上是健身，就像午休，时间虽然不长，办公室场地也有限，但也可以做些适当的运动来解乏，起到健身的作用。

9. 避开运动误区，防范运动损伤

随着社会的发展，物质生活逐步提高，越来越多人明白运动是促使健康的最好办法，参与到运动健身的人越来越多，运动健身固然是不错，但是运动方式方法不对，也会损害身体健康。所以，我们在运动中一定要避开误区，以防不正确的运动方式对身体的损伤。

误区一：晨练最好

很多人喜欢晨练，因为早上空气清新。但是晨练也是有时间的。很多人一大早起床，天还没亮透就开始做运动，在他们的意识中晨练是越早越好，因为空气清新，打扰的人少，噪音也少。有研究证明，清晨是空气中有毒物质最难散去的时间，而且早晨刚起床，人的血液浓度高，容易形成血栓。与晨练相比，下午健身更好，下午人的血压相对稳定，而且这时候适合做一些放松肌肉的运动。如果你一定要把锻炼安排在早晨，也最好等雾散开，太阳出来了再进行。

误区二：生病也不能停止运动

"运动贵在坚持"这是真理。有的人就认死了这个理，哪怕是有病也要坚持，这才能起到健身的作用，否则"三天打鱼，两天晒网"不起作用。于是带病坚持后，许多人病情加重，不得不停止运动。我们当然提倡坚持锻炼，但是身体不适还去锻炼不仅没有好处，反而会对人体有害。人在生病的时候免疫力会降低，停止锻炼，等身体康复或者相对好转后再锻炼是最好的锻炼方法。

误区三：运动量越大越好

过度运动后的表现为疲劳、浑身酸痛，有时在运动过程中会引起肌腱、肌肉拉伤。

误区四：操之过急

初次进行器械锻炼，认为把所有的器械都做一遍才算得到锻炼了。其实，完全没有必要每次健身把器械一个不落地做过去。正确方法是请健身指导员或根据自己的情况，制订一个最佳锻炼方案，有计划地一步一步实现健美健身计划。

误区五：运动了，多吃也无所谓

"反正做了运动，想吃就多吃点，大不了下次运动的时候增加活动量。"管不住嘴的人经常用这种理由来让自己胡吃海喝。这种做法只能做到热量的入出平衡或不增加肥胖，其实常喝甜饮料、吃糕点、干果，就会将辛辛苦苦的减肥成果化为乌有。因此，除了进行运动外，还应从饮食上进行合理调控。

误区六：空腹运动，有损健康

人们总担心空腹运动使体内的糖原大量消耗，从而引发低血糖反应，如头晕、乏力、心慌等。但研究认为，饭前1~2小时（即空腹）进行适度运动，如步行、跳舞、慢跑、骑自行车等，更有助于减肥。因为空腹运动时体内糖原的含量比较低，人体的自身调节系统会让它更多地用于维持正常的生理，而不是运动消耗。如果此时进行的只是强度比较低的运动，身体就会调动更多的脂肪，包括脂肪组织内的脂肪来供应能量，这样才容易消耗多余的脂肪，减肥效果优于饭后运动。

误区七：只有出汗才算运动有效

出汗不出汗，不能用来衡量运动是否有效。人体的汗腺各不相同，分活跃型和保守型两种，这与遗传有关。就算不出汗运动也是有效的。

误区八：运动强度越大、减肥效果越好

研究表明，体内脂肪的减少取决于锻炼时间的长短，而不是锻炼的强度。因为各种锻炼开始时，首先消耗的是体内的葡萄糖，在糖消耗后，才开始消耗脂肪。只有较缓慢而平稳地持久运动，才能消耗更多的热量，以达到减肥的目的。持久的小强度有氧运动才能消耗多余的脂肪，这是因为小强度运动时肌肉主要利用氧化脂肪酸获取能量，而大强度的锻炼更多的是消耗体内的糖原来供应能量。随着运动强度的增大，脂肪消耗的比例会越来越少，接近极限的运动几乎不消耗脂肪。因此，轻松和缓、长时间的低强度长时间运动最有利于减肥。同时不要为了效果明显而一味地延长运动时间，因为这样代谢废物的大量产生，机体来不及清理而造成堆积，反而会影响身体健康。

我们身边经常会有运动时不小心身体受到损伤的情况发生，这样既不利于以后的锻炼，自己也会承受损伤带来的痛苦。所以我们在运动过程中一定要小心防范，尽量不让自己受到伤害。

一般来说健身运动可能发生的意外伤害，就是扭伤、肌肉拉伤、骨折和脱臼，小心防范是可以避免的。

(1) 肌肉韧带拉伤

肌肉韧带拉伤的原因大都是因为训练水平不够，柔韧、力量、协调性差，生理结构不佳的同时，准备活动不充分而造成的。防范拉伤要做好充分的准备活动，如果有受伤情况，应立即停止运动，抬高受伤部位，并用冷敷、包扎和按摩缓解疼痛。

(2) 关节扭伤

关节扭伤大多是技术掌握不好、协调性差，关节周围肌肉力量小、生理结构不佳、疲劳产生体力不支的原因造成的。有时也会因为天气影响，场地湿滑。预防关节扭伤主要是做好充分的准备活动，了解设备使用方法，循序渐进，放慢速度。如有扭伤发生，应立即停止运动，同样做包扎、冷敷和按摩。

(3) 骨折和脱臼

多数骨折或脱臼的例子是由于健身动作不正确，尤其是重量训练器材更易导致此种情形。运动伤害导致的骨折以下肢为多,特别是一些强调腿部肌力锻炼的器材如小腿抬举器等,最容易因训练过度造成小腿骨折。此类腿骨骨折可能只是骨头稍有裂缝,当时疼痛症状并不会非常明显,很容易被忽略。比较保险的做法是运动后发生不适症状,应迅速就医。

　　运动要讲究方式方法,要选择最适合自己的运动方式,并制订有效的运动健身计划,循序渐进进行,不能操之过急,更不能盲目运动,这样我们就能避开误区,减少不必要的运动损伤。

第四章

打造健康心态，好心态才有好身体

心态决定健康，健康保障心态，这是一个良性的循环，好心态带来好身体，好身体使工作更出色，而工作一出色心态必然更好，身体也会更好。所以，谈健康，不调整心态是不行的。

让心灵不再受伤
人体健康的一半是心理健康

1. 积极的心态是健康的保障

心态,顾名思义,是"心"的状态,具体体现是人从内心看待、处置事物的态度。心态,受心脏的状态、心理的状态、心情的状态、心智的状态和心境的状态影响。

现代医学认为,健康有四个重大要素,分别是环境、营养、运动、心态。其中心态占了很大的比例。一个人的心态与健康是密不可分的。不少人都有这样的经历:当悲伤、抑郁时,会出现头疼、胃痛、失眠、血压增高等症状,而心情愉快时,无论是生病还是工作,都能轻松应对。有研究发现,如果常年处于慢性压抑之下,会使血液中葡萄糖和脂肪酸升高,患糖尿病和心脏病的风险加大。另外,不良的心境还会使人体胆固醇水平上升,更易诱发心血管病。

心态对一个人的健康影响到底有多大?

有报道称,北京曾经表彰过一些抗癌明星。那些病患本来只能活半年一年的,结果大都活了十年八年,而且精神状态一直很好。医生奇怪,怎么癌细胞转移那么厉害,他们还活得那么好呢?因为他们从来不让病情影响自己的心情。每天早晨公园里都有他们的身影,或唱或跳,或歌或舞。他们还成立了"抗癌俱乐部"。大家一起面对疾病,谈心情,谈感受,相互鼓励,相互支持。于是原本医生宣布只能活个半年一载的,可二十年后还是好好的。面对别人的提问,他们没有一个人回答说是因为上好的药物治疗，而是因为心情愉快，充满信心。他们对未来充满希望，也从来没有害怕过疾病。

由此可见，心态对健康的影响实在是不小。愉快的心情能使人精神振奋，忧愁的心情能使人萎靡不振，前者有利健康，后者有害身心。

比如情绪激动、发怒，对健康的影响就很大。《素问·阴阳应象大论》中说："怒伤肝，悲胜恐。"其实怒不止伤肝，还伤心、伤肺。所以不要轻易生气，不要轻易发火，这是非常伤身体的。

现代医学认为，良好的情绪可使机体生理机能处于最佳状态，使免疫抗病系统发挥最大效应，抗拒疾病的袭击。许多医学家认为，躯体本身就是良医，很多疾病可以自我控制。因此，有的心理学家把情绪称为"生命的指挥棒""健康的寒暑表"。情绪可以治疗或导致疾病。心理学家研究发现，人在激动时皮肤会潮红发热，在紧张或愤怒时皮肤会苍白冰冷。人的情绪如果发生剧变，还可导致皮肤过敏，甚至会因此而影响到毛发。同时愉快喜悦等正确情绪还可以使得伤口加快愈合，促进疾病痊愈。

情绪可以影响精神健康。经常紧张忙碌、不顺心会使人出现失眠、脱发甚至神经衰弱等系统失调的症状。如果受到强烈、突然或持久的精神打击会引起精神障碍。

人生在世不如意常十之八九，生活原本就不是一帆风顺的。不管我们在生活还是工作中遇到什么困难或挫折，首先要有一种积极的心态，这种心态能够支撑我们面对一切不顺，也能让我们确保身体不被疾病缠上。良好的心态是健康的保障，也是健康的资本。命运对每个人而言都是公平的，我们没有必要总是对上天有所抱怨，生活让每个人都有自己的烦恼和压力。但以良好的心态去面对，不仅能时刻让自己充满阳光和正能量，也会带来良好的健康状况。

2. 放下包袱，适时减压

"压力无处不在，当我们稍有松懈就会发现自己已经掉队，跟不上时代的节奏，达不到社会的要求，我们不得不面对压力而拼命努力。"这是当前大多数职场人的心里话。"压力山大"不再是调侃，而是肺腑之言。无处不在的压力，包括生活上的、工作上的、心理上的、经济上的、情感上的……这些压力让人感觉身心疲惫，情绪也随之变得起伏不定。焦虑、抑郁、偏执、自卑、虚荣、愤怒都会冒出来，久而久之，健康也会严重受损。

压力到底会怎样伤害我们的健康？据《华盛顿邮报》2009年4月25日报道，医学专家们发现，压力会伤害人体7大系统的健康。

神经系统。受到压力后，肌肉会突然转变能量的来源，"击退"被察觉到的威胁。交感神经系统向肾上腺发出信号，释放肾上腺素、皮质醇等激素。这些激素会加快心率、升高血压、改变消化系统的活动、升高血糖。

骨骼肌系统。受到压力后的肌肉张力会增高。肌肉长时期地收缩可以触发张力性头痛、偏头痛和各种骨骼肌的疼痛。

呼吸系统。压力让呼吸变得费劲，由于费劲，会让你的呼吸变快，引起精神恐慌。

心血管系统。虽说压力的应激是短暂的，属于急性应激。就像人处在拥挤的车流中，引起心率加快和心肌收缩的增强。但反复发作的急性应激可以引起冠状动脉的炎症，甚至可以导致心脏病的发作。

内分泌系统。压力来临，大脑从下丘脑发出信号，引起肾上腺皮质产生皮质醇。同时，肝脏会产生更多葡萄糖为身体提供额外的能量。压力消失后，你可能会觉得身体突然垮了下来，这是因为你消耗了过多的葡萄糖，身体中的血糖含量较低，就像一整天没有吃饭一样。

胃肠道系统。压力会让你胃口大增，而后你会发生胃灼热或酸反流，你的胃还会产生恶心甚至疼痛。如果压力很大的话，你甚至会产生呕吐症状。压力还会影响你的消化道和肠道对营养物质的吸收，你会因此而发生便秘。

生殖系统。男性受到压力后，会影响生殖系统的功能，时间长了，这种压力导致的慢性应激会损害睾酮和精子的质量，引起勃起功能障碍。女性受到压力后，会引起月经失调或闭经，还会导致月经周期延长，甚至加剧疼痛。压力还会减低男女双方的性欲。

可见，如果长期处于压力之下是不利于身体健康的。我们要学会面对工作和生活中的压力，缓解各种各样的压力，不要被压力压垮，更不能因为压力大而使身体健康受损。如何才能让自己放松，释放压力？

(1) 学会丢包袱

我们的压力80%都是由自己加给自己的。所以与其寻求外界的帮助，不如先丢掉那些不必要的包袱，分清事情的轻重缓急，让自己活得轻松。有人说：当鸟翼系上了黄金时，就飞不远了。之所以跑不动，是因为背负的太多，如果能够放弃那些无谓的东西，生活将是另一片天地。放弃是生活时时面对的清醒选择，学会放弃才能卸下人生的种种包袱，轻装上阵，才会活得更加充实、坦然和轻松。

(2) 善待自己，放低标准

希望自己能够成功，目标高远都是没错的。但是如果不切实际地去幻想、去苛求自己，那就会把自己置于压力之下。尽善尽美只是一个遥不可及的梦，没有人能够做到。适当放低一下标准，放松一下自己的心情，生活就没有那么辛苦，成功也来得更简单而实在。

（3）远离虚荣和攀比

虚荣和攀比就像是毒药，会吞噬人的快乐和自由，使人走向无尽的烦恼与忧愁。在生活中，许多压力完全是由于自己的虚荣和攀比心理造成的。为了比身边的人更有面子、为了住上最豪华的大房子、为了做到更高的位置，甚至为了穿着比身边的人更体面等，任何一种虚荣与攀比的行为都会为我们增添更多的压力，为了达到这些目标，我们不得不拼命努力，甚至以健康作为换取的代价。人的一生并不长，珍惜自己，为自己快乐生活才是真谛。

（4）不要过于悲观

压力的产生也可能是因为对事情本身的理解造成的。过分夸大了事情的重要性和后果，导致心理负担加重。不少人往往因为急于求成，而忘记了对事情本身的思考。凡事都有变化，不要对一些事情抱有过高期望。期望越大，失望就越大。

（5）适当休息

过重的劳动会导致人身心疲劳，工作效率低下，从而导致过分的焦急与紧张。适当的休息不但会缓解大脑疲劳，而且可以放松一下紧张的心情，减轻心中的压力。不要把什么事都扛在肩上，减少自己所关注的琐事数量；对自己无法控制的事情就由它去，不必一定要强求什么；注意休息，刻意消除眼睛疲劳，活动肩膀，锻炼身体；吃饱睡好，保持充沛的精力，下班后，就不必再操心工作的事情，而是把心事转移到自己和家人的身上，适当地变换自己的办公或家居环境也有助于减轻压力。

（6）学会倾诉

倾诉可取得内心感情与外界刺激的平衡。不管是和闺蜜、家人或是陌生人倾诉，或是自言自语，甚至对身边的动物讲也行，对于释放压力，说出心底的话远远比压抑在心中要更有效。

（7）旅行

当一个人心理被压力充斥着，无法承受时，最好回归自然。在大自然的广阔天地里，你会体会到一个人的渺小与平凡，这时，压力、痛苦、失败都会显得苍白而无意义。来一场旅行，压力就消失得无影无踪。

（8）适当娱乐或运动

不管是下棋、打牌还是看电影，只要你喜欢，尽管去做。适当的娱乐能让你放松心情，忘掉生活和工作中的不快与压力，尽快恢复常态。运动过后、大汗淋漓能使身心得到放松，再洗一个热水澡美美地睡上一觉，整个人会感到轻松许多，遇到的那些不开心的事情也会迎风而逝。

（9）用积极的态度面对压力

当遇到压力时，明智的做法是采取积极的态度来面对。实在承受不了的时候，也不要让自己陷入其中，可以通过看书、画画、听音乐等，让心情慢慢放松下来，再重新去面对。这时，你会发现压力其实也没有那么大。

有些人总喜欢自己给自己施压。比如，看到周围的人涨薪水、升职、发财，就总会纳闷，为什么会这样呢？为什么我的工资这么低呢？为什么升职、发财的不是自己呢？其实只要尽力做好自己的工作就可以了，有些东西是急不来也想不来的。与其让自己无谓地烦恼，不如想一些开心的事，多做一些好事、善事，并从中获得快乐，减缓压力。

（10）培养良好爱好

良好的爱好可以转换心理压力，能平静和舒适地纾解自己。寻求一个适合自己的爱好是释放过度压力所必需的缓解剂。良好的爱好如慢跑、有氧运动、骑脚踏车、欣赏音乐或阅读等，它必须是你喜欢做的而且是你能做好、令你舒适、有规律且无竞争压力。

（11）想开一些

辨别一下你能控制和不能控制的事情，然后把两类事情分开，并列出清单。新的一天开始时，首先给自己约定：不管是工作中的还是生活中的事情，只要是自己不能控制的就由它去，不要过多地考虑，给自己增添无谓的压力。

（12）建立良好的人际关系

学会与他人交往，没有什么比与他人交往更能有效地治疗和预防压力的了。我们都需要爱和欢笑，要知道何处是你的支持网，在何处可以得到聆听、关爱和帮助。如果你找不到支持网，那么你真该去结交些朋友了。

当然，释放压力的方式有很多种，绝不仅仅只有这些。我们可以根据自己的情况选择不同的减压方式，甩掉那些压在心上的包袱，轻松前行，压力就会小得多。

3. 控制情绪,怒气伤身更伤人际关系

人体是一个大系统,这个大系统是受神经因素的调控。每个人的情绪在波动的时候,神经递质就会不断地波动,对人体会产生伤害。如果总是处于消极的不良情绪之中,就会导致人容易产生焦虑、暴躁等不良情绪,影响身体健康。要保养身体,就要学会控制自己,掌控情绪,特别是要控制怒气,别让怒气影响自己的工作和生活,更不能影响自己的健康。

愤怒是个人的欲求和意图遭到妨碍,被人阻止时产生的一种消极情绪体验。中国的老话说:莫生气,气出病来谁如意!当人愤怒时,交感神经兴奋增强,从而使心率加快,血压升高,所以经常发怒的人,容易患高血压、冠心病,甚至可能危及生命;愤怒可使食欲降低,影响消化;经常愤怒会使消化系统的生理功能紊乱,过度的愤怒甚至还会使人失去理智,引发犯罪或其他后果。西方的名言"生气是用别人的错误惩罚自己",是一个意思,生气,害的是自己。一生气从头到脚,从里到外,都会深受其害。

中医说"怒为百病之源","怒火攻心""怒气伤肝",说的就是生气发怒,会引发多种疾病,伤害我们的健康。人一旦生气,体内各个器官几乎无一例外地会受到伤害。伤心伤脑伤肝伤胃伤皮肤,危害多多。

一会伤脑。当一个人处于十分愤怒状态时,可使大脑思维突破常规活动,做出一些违反常规的过激行为,反常行为又形成对大脑中枢的恶劣刺激,气血上冲,严重的会导致脑出血。

二会伤神。生气时由于心情不能平静,致使人不能静下心来,工作难

以专心，头昏脑涨，晚上更是难以入睡，神志恍惚，无精打采。

三会伤肤。经常生闷气会让人颜面憔悴、双眼水肿、皱纹多生。

四会伤心。人在生气的时候心跳会加快，正常人会出现心慌、胸闷，心脏病人更是会出现呼吸急促，氧气供应不上的现象，严重者会诱发心绞痛和急性心肌梗死导致死亡。

五会伤肝。有研究发现生气会导致慢性丙肝患者病情加重。生气时可能会使肝气不畅，肝胆不和，肝部疼痛。

六会伤肺。生气时人的呼吸急促，可致气逆、肺胀、气喘咳嗽，得不到正常放松和休息。特别是年龄越大的人肺功能越差，越是不能生气过度，以防危害肺的健康。遇到不顺心的事时或激动时，应该保持深呼吸，让肺得到适当的放松，有益肺脏健康。

七会伤胃。生气的时候，人的食欲会下降，久而久之会导致胃肠消化功能紊乱。

八会导致猝死。《美国心脏病学会杂志》刊登耶鲁大学蕾切尔·兰帕特博士完成的一项研究发现，脾气暴怒的男性不仅容易发生中风，也容易发生猝死。研究发现，生气会对心血管健康产生负面影响。因为生气时肌肉中血流量高出正常水平，导致心脏供血减少，引发心肌缺血、心律不齐、大脑缺氧、气短甚至猝死。这项研究还发现，常生闷气的女性更易患上乳腺增生、乳腺癌。

九会折寿。经常生气会让身体各个器官不同程度地受到损害，年长日久，对人的寿命影响也就越来越大。那些心态平和，不容易发怒的人寿命比经常生气的人寿命要长得多。

随着年龄的增长，我们尤其要控制怒气。因为年龄越大生理器官的机能都在减退，血管在硬化，血脂在增高，心脏日趋脆弱，肾上腺素减少，肝功能远不及青年人那样健康强盛，生气时对健康的影响更大。

怒气不仅伤身，还会伤害人际关系。比如某人被领导批评，一整天都阴着脸，那么办公室其他几个人也高兴不起来；一条小道消息因为少数人的夸张而引起整个团体的恐慌。如果坏情绪不能得到有效控制，不仅使自己不开心，还会感染到周围所有的人，让大家都因为你而不开心，从而把人际关系弄得很紧张，哪怕是急需帮助的时候，也没有人愿意伸出手来拉自己一把。不论是生活还是工作中，我们往往会遇到一些让人生气、不满甚至很愤怒的事情。如果我们不能控制自己的情绪，由着性子来，且不说会导致整个团体有什么损失，单就个人而言，那也会导致人人敬而远之。

洛克菲勒是美国的石油大王，一次因为集团的事情，惹上了官司，不得不上法庭与律师对质。这个律师事先给美孚石油公司写过几次询问的信，所以在法庭上对质时，律师拿出一封信问洛克菲勒："先生，你收到我寄给你的信了吗？你回信了吗？"

"收到了！"洛克菲勒回答他，"没有回信！"

随后，律师又接连举出他写的许多封信，询问的结果与上述对话基本一致，最后那个律师气得面红耳赤，控制不住自己的情绪，在法庭上暴跳如雷不断咒骂。

最后，庭上宣布洛克菲勒胜诉！因为律师因情绪失控自己乱了章法。可见生活中，面对不同的环境，不同的对手，保持好自己的情绪有多么重要。

芝加哥第一国家银行董事长卫特摩曾"一针见血"地说："每遇有人与我交涉，而对方发了脾气的时候，我就觉得胜利已在眼前了。"职场中也是一样，总会有和你不在一个阵营的人，想挑衅你，让你出丑。如果你不能控制自己的情绪，大发脾气，脾气一旦上来了，种种不合理的事就陆续做了出来，这结果无异使你自投圈套，自讨苦吃。有很多人，遇到事情，容易冲动，掌控不住情绪，不管三七二十一发泄一通，结果搞得场面十分难堪，有时甚至连平时最好的朋友都对你失望至极。

所以，为了心情愉快，为了身体健康，一定要控制怒火。"怒"，是一团喷出的火，烧灼的是以自己生命为代价的健康。"生别人的气，伤自己的身"实在是不划算的事情，与其冲动后后悔，还不如早早地控制好自己的情绪，遇事冷静，三思而行，圆满地处理好那些让你不满的事情，是对自己的健康负责，也是对工作负责的表现。

那么，如何制怒呢？下面这些方法可以一试。

转移法：当发觉自己的情绪激动时，为了避免立即爆发，可以有意识地转移话题或做点儿别的事情来分散自己的注意力，把思想感情转移到其他活动上，使紧张的情绪松弛下来。比如迅速离开现场，去干别的事情，找人谈谈心、散散步，或者干脆到外面猛跑几圈，这样可将因盛怒激发出来的能量释放出来，心情就会平静下来。

体会法：关于"制怒"的哲语缄言很多，细细体味，会让我们心境平和，比如"忍字头上一把刀，遇事不忍把祸招"告诉我们要学会忍让与平静，否则会引发祸端。"他强由他强，清风拂山冈；他横任他横，明月照大江"启发我们要学会坦荡、清静。"宠辱不惊，闲看庭前花开花落；去留无意，漫观天外云卷云舒"教我们要保持内心的平和与随缘。每日心中默念几遍，渐渐会使我们拥有一份闲适、恬静的心情。平常也可以在卧室或在办公桌上贴上"息怒""制怒"一类的警言，时刻提醒自己要冷静。

一分钟法：就是不到最后一分钟绝不生气，生气发作也要限定在一分钟内结束。生气时请留余地，给对方台阶下。

呼吸放松法：做十分钟深呼吸，把手放在腹部，慢慢吸气，慢慢呼气，感受腹部有收放。然后，做行进式肌肉放松运动，从前额开始向脚趾行进，使身体每一部位的肌肉组织先收紧后放松。

运动法：运动会加快神经交元激素的分泌。神经传导不仅有激发情绪、减轻疼痛之效，还能提高人的灵敏度和记忆力。可做加速心跳的散步、慢跑、骑自行车或体操等运动，每次三十分钟。

4. 不与他人争高低，不为名利伤身体

职场竞争可以说是无处不在的。但是竞争有很多种，过分在意别人是否比自己薪水高、工作是否比自己做得少，而明明一起工作成绩却归功于某一人身上等行为，便不叫合理竞争了。这些是小肚鸡肠，是斤斤计较的人爱做的事情。职场上的每个人都希望自己有份理想的职业，都渴望薪水高，工作轻松。人往高处走是一种正常的心理，但是只是一味地盯着别人获得的利益而不去脚踏实地努力，是难以取得好成绩的，反倒会让自己惹一肚子的气。

> 小王在工作上是个负责任的人。他自认为很敬业，办事从来不马虎，但让他苦恼的是老板一直不重用他。进公司三年了，还是个小职员。原来，因为他工作业绩好、能力强，遭到了同事的排挤，这让他深深不满。结果3年以来，不仅与同事关系不好，老板也很少正眼看他。小王就在这种水深火热中抱怨了三年，痛苦了三年，原以为总有一天情况会有所改变，不想前不久被查出患有严重的胃溃疡而住进了医院。没想到经医生诊断，小王的病因竟然是长期抱怨和不满导致的。这让年轻的小王很是惊异，表示出院后一定好好调整心态，看淡得失，好好工作，好好生活。

职场上很多人都如小王一样，他们愿意努力工作，他们愿意为工作付出更多，但是他们更希望得到公司的重用，得到更高的薪水。当付出的与

得到的表面上看起来不平衡时，他们的心理也会产生不平衡，认为世界对自己不公平，认为自己所有的付出都不值得。为什么别人与自己做同样的事情，别人能得到老板的重用和表扬，而自己还是在平凡的岗位上打拼？为什么自己的努力并不比别人少，别人的薪水却比自己高出很多？为什么公司每年的表彰大会上没有自己的名字？他们心理这一系列所谓的不公平让他们失去理智，丧失信心，有的干脆辞职不干。其实这些，都是名利心在作怪。

太重视名利，成天忙着为金钱奔波，为面子费神劳役，为功名蝇营狗苟，为利益忙忙碌碌，为得失斤斤计较，为登上人生的山峰，按照他人设计的台阶一步步爬，爬得疲惫不堪，英年早衰，哪能不累？所谓"职场如战场"，这就是一场没有硝烟的战争，不累几乎是痴心妄想。

很多人对自己对名利的诉求毫不避讳，张口闭口不离名利，他们认为眼下是竞争社会，谁有本事谁折腾，能混出个样就出人头地，光宗耀祖。"追名逐利"思想被无限放大，不仅成为社会的主流，也成为大多数人的追求。为了"名利"，走仕途的绞尽脑汁，找门路寻关系，使出浑身解数，投上级所好，为了能高升，变着法儿地欺上瞒下，黑白颠倒，是非不分。对上溜须拍马，媚态十足，对下狐假虎威，声色俱厉，在追名逐利的舞台上，用尽各种手段，累得心身俱疲。当"追名逐利"变成"显学"时，人的欲望会得到强化，甚至极度膨胀，每一个人都想要在这场战争中赢得胜利，取得自己的名和利，于是满脸杀气，大打出手，把每一天都过得惊心动魄。

一个人名利心太重，就免不了会经常失望。因为任何人的努力都不是一天两天就能有所成就的。太看重名利的人，总是在短暂的付出后迫不及待想要得到更多的成就，这是不可能的，也不现实的。于是他们便伤心、难过、沮丧和失望。这种情绪不仅影响工作，还会让身体处于萎靡状态，总感觉无精打采，长此以往，最终会导致疾病上身，这样实在是得不偿失。

虽说"天下熙熙皆为利来，天下攘攘皆为利往"，来来往往，无非名利，所谓攀比、嫉妒、虚荣，说来说去还不是为名为利？争来争去还不是功名利禄？然而追名逐利，又岂容易？整天把心思、精力、时间都花在追名逐利上，这人生又该多么无趣和无味？倒不如放下名利，停止追逐，从容生活，淡泊立世，人生会更快乐。

齐白石老人有一句名言：一生只愿做闲人。写点闲字，画点闲画，见点闲人，说点闲话，写点闲文，看点闲景，这该是人生的一种大自在境界。大多数成功的人生和失败的人生，也只是像荡秋千一样在奔波中荡来悠去，累。倒不如淡泊明志，宁静致远，抚慰心灵。虽然闲时有些平淡，少了些趣味，但也少了劳累和曲折，得了健康和自在，何乐而不为？

5. 向职场焦虑说再见

职场焦虑是一种由职场事件导致的紧张、害怕和担忧混合交织的情绪体验。如经历一次升迁不顺、一场难度较高的职业考试、一次危机处理……之后，突然出现了各种奇怪症状：忧郁、烦躁、心慌、胸闷，甚至整夜整夜地失眠等，这就是"职场焦虑"。

每天林小姐除了吃饭、睡觉外，所有的时间都投入工作中，但工作效率却很低。写教案是教师的基本功，她却畏之如虎：写教案时，她常联想起学生会不会冷场，同事们会不会对她的教法有异议，是不是还有更好的教法……充斥在脑中的想法令她不堪重负。这些年来，她深陷怪圈无法自拔：一上班就焦虑，不上班又没有安全感，想辞职，却自觉在竞争越来越激烈的情况下，没能力找到新的工作。"我最大的痛苦是，状态差、需要服用药物时，可以清楚地意识到自己的症结之所在；但状态一好，又开始不自觉地调高自我期望值，把自己逼入绝境。"

林小姐这就是典型的职场焦虑。"职场焦虑"不但严重危害身心健康，而且伴随着焦虑必然会出现注意力无法集中、精力减退、思维混乱、理不出头绪、静不下心等，内心感到紧张、着急、害怕、心烦意乱，引起工作效率的明显下降。严重的，还可能出现身体不适，例如手脚出汗、胸闷、头痛、心律不齐、失眠、食欲缺乏、胃痛及经常想去小便等不适反应。

引起职场焦虑的原因大多是现代生活节奏快、压力大、竞争强，人们内心没有安全感造成的。说到底，职场焦虑还是一种心理不健康的表现。想要告别职场焦虑，还得调节自我心理状态，让自己从焦虑中走出来。

(1) 调节自己的心理

一个人心理的好坏和对待外界的态度有很大的关系，所以职场焦虑者一定要让自己保持积极乐观的处世态度，尽量宽厚地对待他人，或有意识地把注意力转移到自己平时感兴趣的活动中去，使不平和的心态逐渐平复下来。

(2) 寻找成就感

成就感可以使你变得更自信，更能有效缓解职场焦虑，因为一个有成就感的人的内心通常会比较富足，并且充满力量，因此职场焦虑者应该不断提高自己的成就感，及时给自己充电。

(3) 睡眠充足、不要胡思乱想

多休息及睡眠充足是减轻焦虑的一个良方，有时候我们太过于敏感，别人一个眼神就足以让自己想半天，因此一定要学会让自己强大起来，花时间提高自己，不要胡思乱想。

(4) 加强身体锻炼

身体是本钱，只有经常锻炼身体，增强体魄，提高免疫力，才能有更好的生活，平时不妨出外散步、跳舞等，都可以有效帮助自己摆脱工作中的焦虑情绪，有益身心。

(5) 倾诉内心的苦衷和烦恼

不开心时，你可以找你的家人或者朋友倾诉在工作中遇到的不快，或者你可以去一个空旷无人的场所大声喊叫，以疏解心中的郁闷和苦衷，这些都是非常有益于身心的精神寄托途径。

(6) 只和自己比

很多人爱与他人攀比，喜欢拿自己的弱势与他人的强势作比较，比来比去，比掉了自己的信心，比掉了自己的优势，也比掉了自己的平静，于是自尊心受到创伤后拼命想赢,但弱势始终赢不了强势,于是不断地比,不断地焦虑,形成不良的循环,让自己痛苦不堪。把眼光从别人身上往回收一收,和自己比比,比比今天的我是不是比昨天的我有了进步?比比这次的工作是不是比上次做得出色?和自己比,不但是化解焦虑的高招,也是督促自己进步的妙计。

(7) 学会化解,转移心态

当我们备受焦虑的困扰时,不要让自己一个人独处,这样反而给了自己更多的孤独与伤感,把焦虑变得更甚。不妨换个环境,让自己走出去,去接触更多的新鲜事物,感受不一样的人生,这样,心境会好起来,焦虑变得没那么严重。

职场如战场,竞争和压力是难免的。作为职场人,我们不能每天都让自己被这种竞争与压力的空气包围,要学会自我解压,学会善待自己,给自己更多的鼓励与信心,从而告别职场焦虑,保持身心健康。

6. 走出自卑的泥沼，自信面对工作

自信是发挥主观能动性的闸门，是启动聪明才智的马达，是一切行动的源动力，没有了自信就没有了行动。任何一个人，如果没有自信，他就会生活在畏畏缩缩之中，每天都是"战战兢兢，如履薄冰"。这样的人，不要说做领导，就是当个普通员工也难以。自信是一种珍贵的心理素质。只有自信，人才能自强不息。所以，建立自信心是每一位职场员工获得成功的前提条件。

然而，自信和自信心不是与生俱有的，也不是人人都具备了的。生活里，我们常常可以看到一些这样的人，他们在工作中缺乏进取心，无所作为，也不求有作为，"不求有功但求无过"。也有的人整天萎靡不振，郁郁寡欢，落落寡合，自己把自己封闭起来。这样的精神状态和工作方式，不仅做不好工作，健康也成问题。这些人所以产生这样一种消极的精神状态，原因是多种多样的，但究其心理原因，就是缺乏自信心甚至有自卑的心理。失败的人之所以失败，就是因为他们从来都不相信自己，也就是有自卑心理。自卑的人是很难成功的，就像没有脊梁骨的人要站得挺直那样。自卑是一种很可怕的情绪，它会让一个人无精打采，对生活失去信心。这种情绪会严重影响一个人的生活、学习和工作。打败自卑心理的方法很简单，就是让自己有足够的自信，自信与自卑是天生的敌人，当一个人的心理信心足够强大时，自卑就会落荒而逃，再也不敢出现。

那么，我们要怎样才能走出自卑的泥沼？当然是培养自信心。

(1) 要丢掉自卑感

自卑是自信的"天敌"。自卑主要表现为对自己的能力、品质等自身素质评价过低；心理承受力脆弱；经不起较强的刺激；谨小慎微、多愁善感，常产生疑忌心理；行为畏缩、瞻前顾后等。自卑心理主要来源于心理上的自我消极暗示，它的形成可以是偶然存在，也可以是一段时间存在。当因为自卑而给自己乃至整个团队都带来极大的负面影响，我们应该自我反省，有意识地通过锻炼来增强自己的自信心。要克服自卑，就要正确地评价自己，发现自己的长处，肯定自己的能力。不妨把自己的价值写在纸上，一五一十地加以客观分析，把握自己的能力。比如，会写文章、善于应酬、人际关系不错等，都是长处和优势。与身边的人一比较，便不会那么自卑。

(2) 获得成功经验

这是自信心建立的最重要的因素。人的需要、愿望是不断发展的，但新的目标总是以已有的目标为基础。心理学的实验证明，一个人的抱负层次是与其成功经验相联系的，一个人成功的经验越多，他的抱负就越远大，期望也就越高，自信心也就越强。反之，一个人几次努力都不能成功，他就会怀疑自己的能力、降低自信，变得自卑。所以，对于缺乏自信心的人来说，最重要的就是增加成功的经验。可以从小从少做起，对于开始努力的目标，一定要有细心和耐心，确保首次努力的成功，以形成良性循环的基础。

(3) 不要总听信于人

有一些人总以为自己没有什么"作为"，这与父母、老师、师傅和社会舆论的影响有密切关系。自信心不强的人，要冷静分析一下，周围的人对自己的期望和评价是否客观，是否有道理，要有一点自信的精神，别人的意见固然要听，但不能人云亦云，为无根据的舆论所左右。他人的态度和评价往往是认识自己的镜子，自己的工作能力，工作成绩等情况，的确可以通过别人的评价来了解。但是，也正如哈哈镜会歪曲人的形象一样，别人对自己的评价也会发生歪曲或变形，不是那么准确可靠。相信自己，不以他人的意志为转移，才能更加自信。

（4）正确的自我评价

有些人毫无根据地幻想出自己的许多弱点，总爱拿自己的短处比别人的长处，结果往往是自卑自哀，失去了自信心。有这种情况的人，需要的倒是其反面，要看到成绩，看到自己的长处，相信自己总有强于别人的地方，相信自己身上总有吸引人的魅力和令人愉悦的优点，不必为工作的暂时受挫而伤心，也不必为自身的某种缺陷而难过。要有"别人能做得到的，我也能做到"的勇气和信心。

拿破仑·希尔说："自信，是人类运用和驾驭宇宙无穷大智的唯一管道，是所有'奇迹'的根基，是所有科学法则无法分析的玄妙神迹的发源地。"奥里森·马登说："如果我们分析一下那些卓越人物的人格特质，就会看到他们有一个共同的特点，那就是自信。他们总是充分地相信自己的能力，排除一切艰难险阻，直到胜利！"自信的人在工作时总是比不自信的人来得轻松。即使是大家都认为这个工作很不轻松。但是生活中总有那么一些人，因为某些错误某些失败而找不到自信，不相信别人，更不相信自己。在他们眼中，成功不过是自己的一厢情愿，他们没有理想，没有希望，过一天，能吃饱睡好，就是好了，无所谓追求，无所谓名利。这种人是严重的自卑心理在作祟，只有用自信来拯救，别无他法。

自信是赢得人生的法宝。有了自信心，你就会不断地去超越自己，这是来自内心深处的一种强大的力量。有了它，你就会产生明显的毫无畏惧的感觉。所有的事情在你面前都变得轻松，你会认为一切都可"战无不胜"，这样的心态会给你无尽的暗示，让你心情愉快，身体健康，万事顺畅。

7. 少一点抱怨，多一点健康

现实生活中，我们每天都能听见无休止的抱怨：抱怨工作烦琐、吃力、压力大；抱怨人际关系不好，别人都与自己作对，看别人处处不顺眼；抱怨孩子不听话，处处与自己为难；抱怨天气不好，忽冷忽热；抱怨交通不好，天天挤得衣冠不整……这些人抱怨这、抱怨那，心情糟透了，睡眠不好，身体比以前差了，精力不充沛了，天天感觉被透支了，似乎老天都在作弄自己，与自己过不去。

一个爱抱怨的人心里装的是满满的郁结、愤怒与怨恨，每天都生活在焦虑、忧愁、悲伤、不满甚至是愤怒和痛苦之中，随着情绪的变化，身体也会出现一系列生理变化，比如胃口不佳，不愿进食，肠胃分泌胃酸减少等。如若一直处于抱怨的负面情绪中，就会影响肠胃功能正常运行，诱发身体疾病。美国一项医学研究表明，当一个人处于抱怨等负面情绪时，会分泌皮质醇激素，该激素长期过高时，不仅会干扰学习和记忆，还会降低免疫功能和骨骼密度，增加肥胖、高血压、心脏病和糖尿病的风险。医学研究早就证明，长期抱怨的人免疫力会下降，抵抗疾病的能力远远不如那些心态好的人。

不抱怨会预防一些疾病的发生。《生物行为医学杂志》曾刊登美国一项新研究发现，学会释怀、心怀感恩、放下抱怨，可以大大降低血压升高的危险，进而降低心脏病危险。还有，不抱怨可以避免制造消极的氛围，有利于神经系统健康。不抱怨会让我们开动脑筋去直面问题、解决问题，减少潜在的慢性压力对人身心健康的影响，不抱怨有助于预防心血管疾病。所以，为了健康，要学会远离抱怨，尽量不让这种消极情绪影响心情，伤害身体。

长期抱怨的人免疫力会下降，抵抗疾病远远不如那些心态好的人。俗话说，心病无药。心情不舒畅，积怨太深导致的身体疾病如果不能及时自我调节，再高明的医生也束手无策。从健康来讲，怨气太多积聚在内心，会伤害人的肠胃，影响肝脏的新陈代谢，停止抱怨其实是为自己的健康负责，少了抱怨，健康也就多了一分，所以为了自己的健康，我们还是少一些抱怨比较好。那么，我们该如何甩掉负面情绪、停止抱怨呢？

（1）摆正自己的心态

提醒自己不要凡事都去计较，万事如意只是人们美好的愿望，酸甜苦辣混合在一起才能组成完整的人生。学会忘记那些令自己不开心的事情。

（2）摆脱对别人的依赖

抱怨的根源就在于以自我为中心。我们之所以对别人有太多不满，是因为别人的行为没有以我们的意志而转移，不符合我们的意愿。与其依赖于别人，还不如让自己强大。当自己有足够的能力时，抱怨也就自然消失了。

（3）学会自我调节

即通过自我劝慰、自我开导、自我调适，使自己冷静下来，把问题想通、想透，这是克服抱怨心理的最好的办法。发现自己有了抱怨情绪，首先要学会冷静。牢记"冲动是魔鬼"，以免犯下"茫然冒进"的错误。冷静之后，仔细思考、分析，找出问题的关键所在，再兵来将挡、水来土掩，各个击破。

（4）注重自己的修养

当你想要抱怨的时候，立即提醒自己闭口。多读一些提升内涵的书，多学习一些礼仪，久而久之，抱怨的习惯就会改掉。

（5）不必苛求

不要过分地苛求自己，凡事不必追求十全十美。世界上的事情不可能达到十全十美。而那些对自己要求近乎吹毛求疵的人，往往也是最爱抱怨的人。同时，他们也是抱怨的受害者。若是因为一个小小的瑕疵而深深地自责，结果受伤害的人还是自己。无论是什么样的人或事，都有他的长处和短处，没有必要为此而斤斤计较。倘能做到这点，自然也就心情舒畅，不再会产生抱怨心理了。

（6）正确面对失败

万一我们把事情搞砸了，不必灰心，更不要退缩，而应当查找自身的原因。自己的某些失误才是失败的关键所在。失败了不要紧，我们可以吃一堑长一智，从头再来。倘若一遇到困难险阻，就怨天尤人，推卸责任，不但于事无补，反而会火上浇油，失去努力的方向，离原来的目标渐行渐远。

（7）量力而行

生活中，常常听到有人抱怨活得太辛苦，压力太大，其实，这往往是因为我们在还没有衡量清楚自己的能力、兴趣、经验之前，便给自己在人生各个路段设下了过高的目标。盲目设定的目标并没有以个人实际情况为基础，而是和他人比较的目的。这样的目标会让你只是为了完成任务而生活，从而背上抱怨的包袱，忍受辛苦和疲惫的折磨。

（8）眼光放长远

把眼光放得长远一些，就不会太在意眼前的得失成败，也就不会抱怨不尽。过去的已经过去，未来的还未到来，一切抱怨都是无益的，问问自己现在能够做些什么、能够做好什么，才是最重要的。

掌握正确疏导自己的方法，将口中叨叨不休的抱怨转化成心中的一方阳光，既滋养身心又提高休养。放过别人，也放过自己。

8. 培养多种爱好,缓解心理紧张

兴趣和爱好是指一个人力求认识某种事物或从事某种活动的心理倾向。兴趣爱好越多的人,从生活中能获取的愉悦感也就越多,也就越容易从紧张中放松下来。例如,一些体育迷,一谈起体育便会津津乐道,一遇到体育比赛便想一睹为快,对电视中的体育节目特别迷恋,凡是关于体育的事情都会让他们兴奋起来,忘掉其他的一切,这就是体育兴趣和爱好的作用;一些老京剧票友们,总喜欢谈京剧、看京剧,一遇京剧就来劲,什么烦恼也都放下了;有的人一下班就去参加一些聚会活动,品茶谈诗,兴高采烈。人们总是生活在紧张的快节奏中,上班时每根弦都绷得紧紧的,生怕稍有松懈就会出差错,就会被人甩下一大截。下班在自己的兴趣和爱好中寻找心理放松的机会,是一种很好的缓解心理紧张的行为。一个人可以有很多兴趣和爱好,运动、旅行、看书、听音乐、K歌、养宠物等,都可以当成爱好来培养。爱好越多,收获的乐趣也会越多。

(1) 读书

古话说:读万卷书,行万里路。读书是人尽皆知的高雅行为,能帮助人们扩充知识,开阔视野,体味人生道理。读书是培养兴趣爱好的首选,既能增加知识,又能让人变得优雅而从容。

(2) 旅行

除了读书,旅行也是不错的放松方式。旅行的意义并不在于路上看到多少风景,也不在于是否走到了原来想要去的地方,只要在路上,就是有收获的。旅行可以改变心境,重新思考自己的想法,旅行能让胸怀变得更

宽广，原来舍不下丢不掉的都能想清楚、看明白，完全换一种心态和活法。旅行对我们的诱惑是没有终点的。人生就像是一场旅行，我们头戴簪花，一路走来一路盛开，没有终点，一直奋斗，旅行就是感悟人生，就是让自己换一种眼光看世界。

（3）音乐

音乐是一种有规律的声波振动，它能使人体细胞发生和谐的同步共振，起着一种细胞按摩作用。同时，音乐可提高大脑皮质神经细胞的兴奋性，使人产生不同的情绪体验，陶冶人的情操，促进态度和行为改变。听一首美妙的旋律，会让人心境平静，心情一平静，整个人也会放松，这时，你可以冷静地思考任何问题，而思考的结果一定是你想要的最佳答案。

（4）健身

健身可以让人拥有一个健美的体型。肌肉饱满而不臃肿，线条匀称，充满着健与美的感觉。这会让人的自信大大增加，哪怕身体原有小小的缺陷，也会因为健身而弥补回来。同时健身还可以降低得病的几率，健身可以提高身体的恢复力。健身让人在大汗淋淋中感受最舒畅的自由与奔放，一场运动下来，所有的紧张与压力都会忘得一干二净，心里有的，只是快乐与享受。

（5）种花种草

俗话说："春赏花，夏赏绿，秋赏果，冬赏青。"在家里养上几盆适应时令的花花草草，就可以忘记户外的节气变化，可以自娱自乐、陶冶情操。养花还能够增添生活情趣，使生命更富生机，还能裨益身心健康，陶冶性情，激发对生活的热爱。当你从办公室的压抑中来到这些花花草草面前时，你会深深感受到生活的美好与压力的渺小，你会相信，压力与紧张只是暂时的，你的生活会越来越美好。

（6）养一种宠物

一只可爱的猫咪，在你打开门的瞬间向你扑来，然后在你跟前娇娇弱弱地蹭来蹭去，你是否一下子心情大好？你是不是有种救世主的感觉？什么压力、紧张、工作业绩，此时早被你抛到九霄云外，眼前的小可爱才是你该关心和呵护的。

任何一种正确的，你感兴趣的事情都是值得去做的，它不仅会让你忘却工作上压力与不如意，还会让你的心情因为这些兴趣和爱好变得好起来，心情好了，身体当然也好了。

9. 别太计较，淡定的人生更从容

职场上有人经常为了一点小小的利益与同事争得面红耳赤，甚至弄得头破血流，生怕吃了点小亏。如果仔细观察一下，我们能发现他们确实因为自己的"聪明"获利不少，可是遗憾的是，这种精明如果只是偶然现象，那么还没什么，一旦形成了一种习惯，表面上看起来很有用，但实际上却是职场中的大忌。这样的人往往因为斤斤计较，贪小便宜吃大亏，失去人缘，不受人欢迎。最终结果是因小失大，聪明反被聪明误。

佛说："舍得，有舍才有得。"事事都计较，事事都想占足便宜，比别人得到的更多，这就是贪欲，是自毁人生路的一种表现。人生原本短暂，需要做的事情太多，需要看的美景太多，何必去为一些小事而计较，淡定对待得失，平静享受生活，这样的人生才更从容，才更精彩。

有一次，亚历山大骑马经过俄国西部。一天，他来到一间乡镇小客栈。他吃完晚饭便出去走走，可是走到三岔路口时，却记不清回客栈的路了。这时，亚历山大看到有个军人站在一家旅馆门口，便走上前去问道："朋友，你能告诉我回客栈的路吗？"

军人叼着大烟斗，头一歪，高傲地上下打量了亚历山大一番，傲慢地说："向右走！""谢谢！"亚历山大问道，"请问此地距客栈还有多远？""一英里。"军人说，又扫了亚历山大一眼，一脸的不屑。亚历山大刚走了几步又停住了，回来笑着说："请原谅我的冒昧，我能问你个问题吗？请问你的军衔是什么？"

军人抽了一口烟说："你猜猜看。"亚历山大说："中尉？"军人的嘴唇翘了一下，轻蔑地哼了一声。

"上尉？"

军人大笑说："再猜。""你是少校？""对！"军人高傲地说。亚历山大敬佩地朝他敬了一个礼。

军人转过身来摆出一副神气的样子，问道："我看你并不像平民，若你不介意的话，请问你是什么军衔？"

亚历山大笑着说："你猜！""中尉？"亚历山大摇了摇头说："再猜。""上尉？""再猜！"军人走近亚历山大，说："难道你也是少校吗？"亚历山大说："再猜！"军人扔下烟斗，用非常恭敬的语气小声说："你是将军？""再猜。""殿……殿下是元帅吗？"军人问。

亚历山大说："少校，请再猜！"军人看了看亚历山大，慌忙跪下："陛下，请恕罪！陛下，请恕罪！是我有眼无珠！"

"朋友。"亚历山大笑着说，"我向你问路，你告诉了我，我应该感谢你才是！"

大千世界，难免会有被人误会的时候，这时我们说话就要把握分寸，应该学会宽容，切忌发怒。权倾一时、叱咤风云的亚历山大都能宽以待人，我们又何必为一些小事而斤斤计较，发无名之火呢？

在职场上，有的人默默无闻地在自己的工作岗位上像老黄牛一样努力工作，他们视名利淡如水，看事业重如山，这种人到后来反而是名利双收，有的人却是名利思想严重，得到了洋洋得意，得不到便心灰意冷，还有的人为了名利，不择手段，被人唾骂。一个人想要生活得幸福其实很简单，那就是让自己简单。尽心付出自己的努力，简单地对待得失，简单地面对一切竞争与较劲，从容面对生活中的一切不公平事务，淡定处世，淡定为人，人生自然幸福。

网上有这样一个故事：记得多年前，有一位朋友长得并不算太漂亮，瘦且高，着一身旗袍，有时也裙裾飘飘，冬天自然是素装小袄。每日她的脸上，总是挂着淡淡的笑，淡得几分娴雅，几分宁静，却让人觉得，她长得真是美。有一年她生病，原本很不错的工作已安置他人，领导让她暂时做勤杂工，有人出主意让她找一找领导，她只是摇摇头，笑着，默默做着分内事，一年以后，竟意外被聘为业务经理。有人诧异、羡慕，她只是笑笑，平静如水。

现代社会有太多的东西蒙蔽了我们的双眼，房子、车子、金钱、名誉、地位……在一路追逐中，说不尽的心酸与苦楚，道不完的疲惫与不堪，但面对人生中的种种现实，我们又不得不追逐一个又一个的人生目标，不敢停步，不敢回头，甚至忘记了观看一路的风景，到最后得到的是失落与后悔……人生脚步太匆匆就会失去享受一路上的美好风景的机会。在漫漫人生路上，没有一帆风顺，每一个成功的人，都是一步一个脚印慢慢登上高峰的。这个世界上没有那么多的完美，通往成功的路必然是曲折崎岖，风雨险阻。如果这一路上你生怕吃亏，生怕别人不知道你的付出，事事与人斤斤计较的话，到最后你一定是输得最惨的那个人。天底下任何事情都有被弄明白的一天，就算是你一时有点小聪明不被人识破，总有一天也会被人发觉，不要为追求那些物质上的满足而让自己失去了人格与尊严。同时太过计较的人，心态总是不好的，只要一点点吃亏，心中便会大觉委屈，这种状态下工作受影响，健康也不同程度地受到影响，这就是为什么有些人一遇到不公平的事就会大病一场。漫漫人生路，值得我们享受的东西太多，放慢脚步，让心归于宁静，从容地过好每一天，这才是最美好的人生。

淡定从容是一种超脱，一种自由。生活之中，很多事情是不以人的意志为转移的。从容之人，绝不会担心容颜早逝，不会痛心疾首昨日的失去，不会耿耿于怀他人的过失与成就，更不会忧心忡忡明天的日子。从容淡定的人会享受今天的美好，珍惜眼前的事物，不会计较生活中的琐事，不会让自己落入庸俗，他们的生活里处处是阳光，天天都健康。

10. 乐观起来，微笑面对生活

情绪与健康的关系十分密切。情绪乐观、心情舒畅，能增强抵抗力，有益于健康长寿。"生气催人老，笑口变年少""一日三笑，人生难老；一日三恼，不老也老""无病不疑病，得病不惧病，绝症心不病，豁达治百病"等，这些格言所表明的都是一个意思，那就是心态能决定一个人的健康。一个人的一生不可能是一帆风顺，但也不可能是天天悲惨、坎坎坷坷，风风雨雨组合起来的日子就是人生。当我们面对人生中种种不幸时，乐观与不乐观是两种完全不同的人生。

乐观的人能应付生活中的种种困难，掌握自己的命运。不管事情在别人看来有多么糟糕，他都能做出迅速反应，并找出解决的办法，确定新的生活方案。乐观的人不仅工作顺利，寿命也会比那些成天愁眉苦脸的人长。乐观会让人产生一种力量，一种改变命运、获得幸福的力量。往往是，如果一个人决心获得某种幸福，那么他就能得到这种幸福。这就是心态产生的力量。

一个人每天大约会产生五万个想法，其中绝大部分是消极的想法。要想获得快乐的生活就必须改变我们的思维习惯，培养乐观的心态。在人生遭遇不幸的时候我们不妨用这三句来安慰鼓励自己：这是我的人生必须面对的一个部分；天塌不了；这道坎总有办法过去。有了这种乐观的心态，一切事情都会变得轻松愉快。

很多人都有一个体验，那就是悲观容易乐观难。人的一生中，许多时候都是悲观的情绪笼罩着生命过程中的各个阶段。战胜悲观情绪，用开朗、乐观的情绪来支配自己的生命，你就会发现原来生活别有一番滋味。一位政治家说过："要想征服世界，首先要征服自己的悲观情绪。"如果一味地沉入不如意的忧愁中，只能使不如意变得更加不如意，使本来不是很糟的事情变得更糟。乐观、悲观都是一种心境，既然悲观没有什么好处，我们何不换一种心境，用乐观的态度来对待人生呢？乐观其实是一种智慧，守住乐观，人生就会处处充满生机。

作家约翰·彭伯西曾说："人生就是用自己来照亮别人的一段旅程，寻找日复一日工作中的完美与快乐，寻找忙碌生活中内心的平安与宁静。夺走你笑容的并不是你的工作，而是你自己的态度。"正确对待人生的态度应该是怎样的？那就是微笑。微笑犹如阳光、空气和水，是人生的必需品，没有微笑，生活就没有阳光，就会活得一团糟。微笑对于任何一个人来说都是亲切而美好的，保持微笑，一切困难都会在你面前低头。有乐观心态的人，时刻都能让自己保持愉快的微笑，哪怕遇到了困难，哪怕前面有无数个障碍，他们都能理智地让自己保持乐观心态，相信自己的能力，相信自己的智慧。这种人，再大的困难都会迎刃而解。

一项汇集了200多项相关研究的文献回顾表明：与性格不乐观的人相比，生性乐观的人患上心血管疾病的可能性只有前者的一半。可见乐观的人不光是办事顺利，也会更健康。

现代医学认为，微笑对人们的健康长寿有着十分密切的关系。因为微笑有很多好处。如增强肺的呼吸功能；清洁呼吸道；抒发健康的情感；消除神经的紧张；使肌肉放松；有助于散发多余的精力；驱散愁闷；减轻社会束缚感；克服羞怯心理；最主要的还能帮助人们适应环境，乐观地对待生活。有了笑容，压力不再可怕，烦恼不再有那么多。其实都是些不必去计较的事，不去抱怨这样心情自然就会好起来。

我国古代有个巡按大人，精神抑郁，胸中闷郁，非常难受，却一直不明原因。有个名医对他诊脉后，一本正经地说："尔乃月经不调也。"巡按闻后捧腹大笑，正欲训斥医生，忽然感到胸膈郁积之气荡然无存，浑身轻快，病愈。

随着科技的发展，愈来愈多的证据证明：笑是一种有益于健康的运动和良药。笑，运动面部和腹部肌肉，促进血液循环及呼吸功能。大笑10秒钟，心跳的增加率相当于划船运动10分钟。欢笑可以降低血压，减少产生压抑情感因素，增强肌肉的弹性，促进免疫功能。人在欢笑的时候，体内会产生微妙的变化，能使人增强愉快情绪，缓解紧张。据测试，1分钟的笑，可以使身体获得45分钟的放松。

笑是一种类似于在原地跑步的良好锻炼方法，能提高人们的工作效益，驱除紧张和疲劳，对神经过敏或容易暴躁发怒的人，作用更大。

笑能放松自己，让自己开心，使心情趋向平静，心中的积极乐观情绪得到释放，使自己的心中时时充满阳光，生活也因之变得美好，带动身体也变得更好，从而形成一种良性循环，维护健康。

笑对人生，笑着走向生活。笑表达的是柔情、温馨和美好，笑里没有人生的怨言，没有不满，微笑代表的是满满的正能量。笑是我们对困难的一种嘲笑，笑是我们面对压力的一种鼓励，笑是我们乐观的生活态度，笑又是我们奖赏自己的最好方法，也是保持良好心境、维护健康身心的一个好办法。

第五章

把握健康细节，警惕办公室里的健康隐患

魔鬼就在细节里，健康同样在细节里。办公室是最重要的工作场所，不重视办公场所的健康细节，健康也就是一句空话。消除办公场所中的健康隐患，改变不良的习惯，养成细节处的健康好习惯，做一个健康、快乐的职场人。

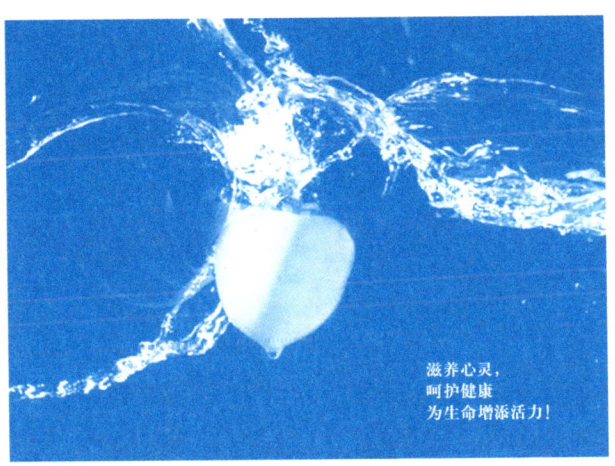

滋养心灵，
呵护健康
为生命增添活力！

1. 别让电脑伤害你的双眼

现代社会随着科技的发达,人们工作不再单纯只用手写手绘,更多使用方便快捷的电脑。但长期进行电脑操作容易使眼睛疲劳,并引发"电脑视疲劳综合征",也叫"干眼症"。该症会产生视觉模糊、视力下降、眼睛干涩、发痒、灼热、疼痛、畏光和红血丝增多、视力不稳定或暂时模糊等不适现象,严重的还会感到眼皮沉重、眼球胀痛、视觉重影甚至头痛。

所以经常使用电脑的办公一族要通过改进使用方法把电脑对眼睛的伤害调整到最小。

(1) 调整显示器位置

电脑屏幕与双眼的距离应维持在 20 到 30 英寸(约 50 到 76 厘米)之间,且双眼应与显示器的顶端处在同一水平线上。如果显示器的高度无法调节,放一摞厚书将其垫到适合的高度,或者调节座椅的高度。当然关键还在于不要伏案工作。屏幕中央应比水平视线低 15 到 20 度。

(2) 调整文字大小和颜色

把字体设置为最小,然后放大三倍,这是人眼所能接受的最适合的字体大小。而颜色方面,人眼最易接受白底黑字或其他暗光的背景色。尽量避免对比度低的文字和过多的背景色。另外,健康的绿色字体也是相对好的选择,比如柔和的豆沙绿色长时间使用会很有效地缓解眼睛疲劳,保护眼睛。

(3) 调整亮度和强光

显示器与工作区的亮度应保持一致。如果工作区的背景色接近房间的光线，就显得太亮了。如果是沉闷的灰色，又显得过于暗淡。如果你所在的工作环境反射光线过强，最好为屏幕加装滤光器，可有效缓解这种情况。

(4) 适当休息

连续使用电脑 2~3 小时后，我们应该将眼睛移开电脑，休息 10~15 分钟。将双手摩擦生热，再盖住眼睛，勿压迫双眼，深缓地呼吸，有助于消除眼睛疲劳。每工作一段时间，闭眼休息几分钟，闭眼休息，是消除眼睛疲劳的好方法。另外，将毛巾浸入茶里，用来敷眼 10~15 分钟，可消除眼睛疲劳，离开电脑室，出去走一走，看看更宽广的地方，看看绿色的植物，都是有利于眼睛休息的。

(5) 注意饮食

电脑族无论是白天还是晚上，总与电脑近距离接触，时间一久，眼睛自然力不从心，视力直线下降。除了平日注意保持合理的用眼习惯，"食补"对于保护眼睛也有着巨大的帮助。补眼可以多吃胡萝卜。在护眼蔬菜中，胡萝卜是首选。因为胡萝卜中含有大量的胡萝卜素，在人体内可以转化为维生素 A，因此被称为维生素 A 原。维生素 A 在人体视觉的形成中发挥着重要作用，如果缺少了它，眼睛对黑暗的适应能力会大幅下降，甚至可能会患上夜盲症，所以常吃胡萝卜，健康又护眼。

动物肝脏也是维生素 A 的一个重要来源，同时动物肝脏中还含有丰富的维生素 B_2，如果身体缺少维生素 B_2 的话，眼睛很容易出现不适感，久而久之也会给视力带来诸多问题，但动物肝脏吃得太多对身体其他方面会有影响，所以也不能长期大量食用。

在护眼食品中，鸡蛋是最常见又最普通的，但是它的功效却不能忽视。蛋黄中所蕴含的叶黄素和玉米黄素是公认的对保护眼睛很有帮助的营养素，这两者搭配在一起，具有特别强的抗氧化作用，对眼睛健康自然是大有好处。每天一个鸡蛋，营养健康的同时还保护了我们的眼睛。

菠菜中富含钾、钙和镁元素，能帮助眼部肌肉增强弹性，减缓近视发生。菠菜还是维生素 B_2 和 β-胡萝卜素的好来源。维生素 B_2 充足的时候，眼睛便不容易布满血丝；而 β-胡萝卜素可以在体内转变成维生素 A，能预防干眼症等。

2. 适当动一动，预防"久坐症"

很多办公族每天在办公室至少坐八个小时以上，却很少有人主动休息和运动，只有很少的人偶尔伸伸懒腰；偶尔走出办公室散会儿步，更多的人在午休时宁愿选择玩电脑游戏、上休闲网站，也没有想到过运动。像这种长时间坐着不动的人群，被称为"久坐族"。

这种"久坐"会给健康带来很大的麻烦，如颈椎病、腰肌劳损、下肢静脉栓塞、肥胖、便秘、痔疮……一项研究显示，和每天在电视前不到两个小时的成年人相比，那些每天在电视前长坐超过 4 个小时的成年人罹患心血管疾病的风险会增加 80%，久坐血糖也会比多动容易升高。世界卫生组织行为危险因素研究表明，久坐方式是导致死亡和残疾的十大原因之一，全球每年接近 200 万人的死亡与久坐有关。

对于办公族来说，久坐就更是避免不了的日常行为。有人会说，我经常久坐，也没见得有什么不舒服的时候呀？是的，久坐一时半会儿确实看不出来对人体有什么影响，但日积月累的最终结果却是骇人的，对身体的伤害几乎是全身性的，肌肤、内脏、神经等因为久坐都会不同程度受到损伤。

(1) 久坐增加体重

当摄入的热量大于消耗的热量时，体内的脂肪容易堆积，体重便会上升。久坐因为运动量少，体内热量大量积存，导致肥胖，而肥胖会给身体带来许多负面影响。

(2) 久坐伤肾，诱发前列腺炎

久坐不动会压迫位于臀部和大腿部的膀胱经，造成膀胱经气血运行不畅，导致膀胱功能失常，而肾经与膀胱经相表里，这样就可能伤害肾功能，中医专家指出，前列腺炎患者多数是久坐族。从泌尿外科门诊统计来看，目前前列腺炎的患者占了泌尿外科门诊量五成以上，其中多数是有车一族和办公室一族，还有"开会族"也是前列腺炎的高发人群，问题也出在"久坐"上。

（3）久坐伤肌肤

因为时间坐得太久导致气血不畅，而缺少运动会使肌肉松弛，弹性降低，出现下肢水肿，倦怠乏力，有的还会出现肌肉僵硬，感到疼痛麻木，引发肌肉萎缩。

（4）久坐伤神损脑

久坐不动，血液循环减缓，会导致大脑供血不足，脑供氧和营养物质减少，伤神损脑，产生精神压抑，表现为体倦神疲，精神萎靡，哈欠连天，加重人体乏力、失眠、记忆力减退并增大患老年性痴呆症的可能性。若突然站起，还会出现头晕眼花等症状。

（5）久坐损筋伤骨

久坐时颈肩腰背持续保持固定姿势，椎间盘和韧带长时间处于一种紧张僵持状态，就会导致颈肩腰背僵硬酸胀疼痛，或俯仰转身困难。久坐时，人体的重量会较集中地压在腰骶部，这种压力分布不均衡易引起腰背肌肉劳损并疼痛，长期如此甚至可致椎间盘组织弹性减退和脊柱骨质增生。

（6）久坐伤胃

久坐会引起肠胃蠕动减慢，除了消化液分泌相对减少影响消化外，还会引起和加剧腹胀和便秘等消化系统病症，而且对身材也不好，容易起小肚子，也容易胖腿。

（7）久坐引发妇科疾病

由于女性特殊的生理结构，女性私处长期都处在潮湿的环境中，如果再加上长期久坐就容易使盆腔充血，从而导致附件和宫颈血液循环不畅，也使得阴部透气不好，这样妇科疾病就随之而来了。

第五章 把握健康细节，警惕办公室里的健康隐患

（8）久坐伤心

久坐还会让心脏负担加重，心脏负担过重会促发高血压，加重冠心病。

（9）久坐患痔疮

痔疮、便秘也和久坐有关。尤其是中老年人，坐时间长了，肠道运动受影响，会引发便秘，久坐还会压迫肠道，增加患大肠癌的几率。

（10）血管栓塞

久坐容易导致血管栓塞，一旦游走到了肺动脉，或者心脏处，发生医学上所称的肺栓塞，就会让人在很短的时间内由于缺氧而死亡。

数数久坐对身体的危害，实在是令"久坐族"胆战心惊，面对不得不"久坐"的工作，我们该如何把危害降到最低？

（1）坐姿要正确

坐要坐得舒服和坐得正确。不良的坐姿有很大一部分是因座椅不合适引起的。现在很多办公椅都带有滑轮，稳定性不够，使人坐上去后身体肌肉处于相当紧张的状态。要想更健康，最好选用坐上去能让人放松，感觉不累的椅子，有种稳当的放心感。经常用电脑的人要调整好屏幕与椅子之间的高度差，眼睛盯着屏幕时，头部要避免长期前俯，尽量放松肩颈肌群；腰背也应当尽量挺直，减少对腰部和腹部的压力。

（2）多运动

运动对于经常久坐的人来说是一件很重要的事情，因为它对身体有着全方位的保健作用，在生活中，久坐之后运动能够帮助我们刺激肌肉，让肌肉更加强韧，还可以帮助人疏松筋骨，筋骨放松身体自然就会舒畅。可以多做一些有利于肌肉放松的有氧运动，这样不仅脂肪燃烧多，还可以促进血液循环。如果实在太忙，坐一两个小时后站起来走动一下，伸个懒腰，扭扭脖子，上个洗手间都能对久坐后的身体起到很好的帮助作用。

（3）合理地作息

久坐本就是一件很坏的事情，如果长时间久坐，又没有良好的作息习

惯就会导致身体越来越差。保持良好的作息习惯，可以让人体在睡眠中得到修复，因此合理地作息，养成早睡早起的习惯，可以帮助人减少久坐的危害。

(4) 适当按摩

因为久坐会导致肌肉出现一定的萎缩，长时间如此，肌肉活力下降，人的寿命自然就会遭受影响，而通过按摩能够帮助我们刺激肌肉，让肌肉细胞更加活跃，肌肉活跃，血气循环就会通畅，身心就会放松。

久坐是一种危害很大的事情，因此我们工作时如果坐的时间长了，一定要站起来运动一下，只有这样才可以避免久坐给我们身体带来的伤害，让身体的健康得到保证。

3. 女员工别忘备一双舒服的平底鞋

穿高跟鞋对于女性来说，既时尚又增加气质，还能拉伸腿部曲线，让腿部显得更加修长，因此深受女性喜爱，并且很多企业都要求女员工在上班时要穿高跟或是中跟鞋。但是高跟鞋穿久了，脚磨起泡、脚掌疼痛，这些都是小事，如果长时间穿高跟鞋行走或者是站立，那么踝关节和膝关节就会长时间处在一个劳累的状态中，日子一久，关节炎和风湿病就会找上门来。另外，高跟鞋穿久了，由于小腿肌肉总是处于紧张状态，容易造成小腿痉挛抽筋的情况。

穿高跟鞋还有很多不利因素。长期穿高跟鞋可导致骨盆和脚部变形。人们穿着高跟鞋身体自然向前倾，否则身体就不会平衡，全身的重量全部在脚掌上，而足趾就要挤压在鞋子的尖端，这让整个脚掌血液循环受到阻碍，导致骨骼容易发生变形和弯曲。穿高跟鞋稳定性相对较差，一不小心就会摔倒，而且对于成人来说，摔倒对骨骼损害的风险是很大的，就算不摔倒，长时间走路或者站立对腰部也增添了更多的压力，一天下来，真正是"腰酸腿痛"，很不舒服，还会患有与高跟鞋有关的疾病。

平底鞋却不同，平底鞋对脚有保护作用，能促进脚底骨头的活动性，使之更柔软，使人走起来更轻便、舒适。如果是长时间站立或行走，平底鞋会比高跟鞋舒适很多，除了上述那些高跟鞋引起的疾病不会有，对于上班时间来说，穿着平底鞋比穿高跟鞋工作效率更高，人更轻松。

随着科学技术的不断进步，平底鞋再也不像以前那么古板和单一，有许多新款式的平底鞋既美观又大方，有的设计还全面考虑人体的结构与健康。所以，如果公司没有特别要求一定要穿高跟鞋，如果你午休需要走到稍远的地方去就餐，别忘了，为自己备一双舒适的平底鞋，穿上它上班或走路不仅时尚，对于你的健康和工作效率都有很大的帮助作用。

4. 加湿器用得不对也损健康

随着秋冬季到来，空气渐渐干燥，很多人开始使用加湿器来加大室内湿度，既方便又实用。但是，加湿器使用不正确，非但不能净化空气，反而会增加患呼吸道疾病的可能性。

即使是干燥的冬季，空气的湿度也不是越高越好。最适合人体感觉的湿度在50%左右，如果空气湿度太高，人会感到胸闷、呼吸困难。使用时一定要注意加湿要适度。

加湿器使用时最要注意的就是加湿器的清理。如果加湿器本身不干净，其中产生的真菌等微生物就会随着加湿器的运转进入空气，当温度与湿度适宜时，细菌就会快速生长繁殖，再进入人体的呼吸系统，抵抗力相对较弱的老人、儿童等人群吸入细菌后容易感染，患上一种疾病叫"加湿器肺炎"。所以当室内湿度达到合适的程度时（冬天室内湿度一般保持在40%至60%即可），就可以关掉加湿器了。

空气过分潮湿，会加重关节炎病情。所以，有关节炎的人群应该合理使用加湿器，最好是不使用加湿器，如果室内空气太干燥，可以采取洒水，放置水盆等方法来加湿。

给加湿器加水时，最好不要直接加入自来水，可以加纯净水，也可以将水烧开冷却后再加入加湿器。自来水中含有多种矿物质，会对加湿器的蒸发器造成损害，所含的水碱也会影响其使用寿命。自来水中的氯原子和微生物有可能随水雾吹入空气中造成污染。使用加湿器的同时应该经常开窗通风，并注意按产品说明书的要求，对加湿器及时进行清洁和消毒，避免加湿器中的真菌等微生物随着气雾进入空气。

　　加湿器的湿度并不是从一开始使用调好后就不再变化，而是要随着天气的变化来调节的。如果天气干燥，加湿器不调高的话，起不到加湿的作用，反之，如果下雨天气变得潮湿，加湿器就要相对调得低一些，否则会加重室内湿气，使人感觉不舒服，对病人来说更是会加重病情。

　　加湿器工作时，喷嘴不要正对着人吹。最好将加湿器放置在墙角的某个部位，加湿器周围的湿度增加后，自然会将加湿区域扩大。直接对着人吹，人从加湿器的喷雾中吸收的空气相对比较少，会让人有种呼吸困难、缺氧的感觉。

　　加湿器在生活中还有许多巧用的方法。比如在加湿器里加几滴醋，能起到杀菌的作用；晚上在加湿器里加几滴薰衣草精油，可以帮助睡眠；把加湿器放在电脑旁边还可以清除静电。

　　加湿器的好处很多，但用得不对就会带来不良影响。关键是要正确使用。使用对了，它就起到应有的作用，使用不对，不仅起不到有效的作用，还会伤害到我们的健康，所以，一定要正确使用。

5. 最容易忽视的办公室环境卫生

办公室里最容易被忽视的环境卫生有三个地方：个人电脑、公共卫生间和垃圾桶。如果不加注意，很可能损害了健康还不自知。

（1）电脑

办公桌是员工办理公务的地方，大多数公司都会要求每天早晨上班前打扫一下，保持干净和整洁。但是对于办公桌上的电脑，则没那么用心。很多电脑一放上桌就很少清理，显示器还好一点，基本每天擦桌子时也能擦一擦，键盘和鼠标就没那么幸运了。而恰恰是这两个我们用得最多的关键地方最脏。

想一想我们是不是有在电脑前面边吃饭边工作的经历，是不是常常会发现有头发丝从键盘间隙冒出来，是不是有时不小心把咖啡洒到了鼠标上？这些皆会让键盘、鼠标成为离我们最近的藏污纳垢之所。再加上那些不易发现的汗液、油污、唾沫星子、灰尘，如果我们的眼睛是显微镜的话，一定会发现鼠标、键盘简直就是垃圾桶，如果按细菌数作标准的话，有人计算过比马桶还脏。若用接触过的手揉眼睛、擦鼻子，或是不洗手直接去拿食物吃，就可能将病菌带入体内，引起各种疾病，比如腹泻、感冒、眼部感染等。所以说键盘、鼠标最好一到两个月清理一次，用酒精清洁消毒。专用的清洁剂不会腐蚀键盘里面，也不会伤害手指皮肤。还可以用 USB 键盘吸尘器清理。目前市面上有 USB 接口的键盘吸尘器，可以接收键盘夹缝当中的大小灰尘。三天吸尘一次，可以保键盘清洁。

（2）公共卫生间

一般来说，公司的公共卫生间都有专人打扫，但其实还是不够卫生。很多人其实都注意到这个问题。大多数的女性在公共厕所小便时并不接触马桶，而是半蹲着的；还有的人会在马桶圈上铺一层纸后再坐下去；而只有很少的人会直接坐在上面。因为大家都很忌讳公共马桶太脏。

事实确实如此，公共马桶很脏，公共卫生间更脏。很多细菌或是病毒，都可以在这种又冷又硬的表面生存好几天。

一项对医院卫生间的研究发现，在马桶圈上确实有许多致病微生物，包括抗生素耐药的葡萄球菌、诺如病毒、大肠杆菌、痢疾杆菌和链球菌。然而，这些微生物存在于排泄物或是呕吐物中。如果发现了马桶坐垫上有这些脏东西，一般人都会选择另一个马桶。其实，最让人担忧的应该是冲马桶时的小水滴，而这些水滴又往往会飞溅得很远。

解决办法很简单，就是用常见的那种小包装消毒巾擦一下。科学已经证明，这样就能让马桶圈上的微生物减少50倍。如果没有随身携带的消毒巾，也不用太担心。除非微生物直接接触到开放的伤口，或是通过手进入嘴巴、鼻子或眼睛，否则都没么危险——所以，请不要随便揉眼睛、抠鼻子或者挖耳朵了。而且最关键的是，上完卫生间一定要洗手！

卫生间里很多其他表面，比如马桶冲水按钮、门把手、水龙头、纸巾机等，都比马桶圈脏得多，如果可能尽量少接触，接触之后一定要认真洗手，用洗手液认认真真洗，而不是冲一下完事。

使用公司的公共卫生间还要讲公德。马桶尽量不要弄脏，这既是对保洁人员劳动成果的尊重，也是方便后来者。使用卫生间内的厕纸应多加节省，不要抱着"不用白不用，用完也不用我来买"的想法去浪费厕纸，更不要将厕纸拿走私用。在卫生间洗手时，尽量不要将水溅到地板上，这样有让其他人摔倒的可能，如不小心将水溅出，应用纸擦净。方便后冲水时，不要将卫生纸、护垫等杂物丢进马桶，以免堵塞下水道，而应当丢进垃圾筐。如果不小心把马桶垫板弄脏，一定要用纸擦干净。

(3) 垃圾桶

管理好办公室的垃圾也是保持卫生环境的一大因素。虽然扔垃圾是每一个办公室员工每天都要做的事情，似乎不值一提，但如果不注意，也会使办公室内空气受到污染。比如有的人不顾环境卫生，随手将垃圾一扔，不管是地板上还是垃圾桶里，扔出去了就再也不关心。一天下来，满地都是垃圾，不仅影响美观，还让我们感觉生活在垃圾堆里一样，即使不生病，心情也不会好到哪儿去。随地扔烟头、吐痰都是极为不卫生的行为，应该坚决杜绝。

同时垃圾桶要及时清理。垃圾桶装满了再倒，这看起来节约又环保，殊不知，却将自己置身在细菌、病毒、真菌的包围下。尤其是厕所垃圾，看起来没有厨余垃圾那样易腐烂生虫，也不像公厕里一样会被乱丢，因此垃圾桶就成为了"隐形"桶，常常是装不满就想不起来要倒掉，反而成了最易藏污纳垢的"细菌窝"。此外，卫生间垃圾桶的选择也有学问。首先要密封性好，使垃圾不会暴露在空气中，因此最好选带盖、脚踩式垃圾桶。其次，材质最好是不锈钢的。不锈钢耐水、酸、碱、盐等腐蚀，耐用性高。再次，最好使用容量小的垃圾桶，这样垃圾很快就能装满，可以促使人们勤倒垃圾，减少了病菌滋生的机会。

办公室是一个大环境，享受干净的环境卫生需要人人努力，共同为自己的健康把关。

6. 复印机也会伤身体

复印机因为速度快、使用方便、精准度高、既节省人力又节省时间而广受欢迎。几乎所有的办公室都有专门的复印机和专业的复印人员。但是随着复印机的频繁使用给办公室造成的污染也日益突出。复印机对人体健康的伤害有四种：臭氧、复印纸、粉尘和强光。

（1）臭氧

复印机在工作过程中由于高压放电的原因，会使周围产生一定浓度的臭氧。臭氧是一种氧化性很强的气体，这种气体对人的呼吸道有很强的刺激作用，操作人员如长期吸入大量臭氧就会引起口干舌燥，咳嗽等不适症状。有实验证明，在连续工作的复印机周围50厘米内的空气中，臭氧浓度超过安全标准两倍多。长期在这种环境里工作，人的眼、喉会产生刺痛感，并能引发支气管炎、肺炎等，使人的免疫力下降。

（2）粉尘

复印机在工作时，会散发出一种肉眼看不见的粉尘，这种粉尘含有大量的墨粉和载体（一种铁粉），长期大量吸入这种粉尘会损伤肺部。另一种有害物质是机内的墨色显影粉。这种显影粉在复印机工作时，周围空气中的显影粉浓度还不至于产生危害，但在更换或添加显影粉时其浓度会大大超过安全界限，损害人体健康。要想减轻复印机带来的污染，就一定要把复印机安置在通风条件较好的房间，并安装排气扇等设施。从事专业复印的操作人员要注意自我防护，如果室内没有排气扇，最多持续操作半个小时，就要到室外空气好的地方休息一下。在更换和添加显影粉和清除墨粉时，要注意防止墨粉的扩散。在饮食方面，专业复印人员要适当服用维生素E，有支气管炎的病患者和孕妇最好不要进行复印机操作。

(3) 复印纸

在复印时使用的纸张尤其是高档复印纸都含有酚醛树脂化合物，这种化合物具有一定的毒性，长期接触会导致中毒反应，如皮肤发红、周身发痒、嗓子肿疼等。这种反应可在脱离环境后自然好转和康复。

(4) 强光

复印机工作时，曝光灯所产生的强光对眼睛有一定的损害，长期受到这种强光照射，会使视力减退。

虽然复印机对人体的危害很大，但并不是不能避免，只要我们科学使用，方法得当，健康还是会有保障的。在放置复印机时，一定要选择通风换气良好的地方，如果室内通风条件不太好，可以安装排气扇，确保室内空气流通；在复印文件时一定要盖好复印机挡板，减少强光对眼睛的刺激，同时，对复印机清洁也不能忽视，在更换和添加墨粉时一定要戴上口罩，换完后及时洗手，以消除手上残余粉尘和复印纸上有毒物质对人体的伤害。

7. 你可能不知道的电话机健康隐患

现在许多办公室都是在高楼林立中，通风条件并不好，这给细菌和病毒提供了很好的生长条件，同时也影响了人们的健康。办公室里的电话，有可能几个甚至几十个人共用过，是办公室里传播感冒和腹泻的主要途径。有实验证明，病菌携带者打电话时手上携带的病菌会污染手柄，唾液会污染话筒，话筒上三分之二的细菌又可以传给下一个拿电话的人。打电话的时候，手、脸、耳朵和嘴都会在不经意间接触到话筒，这也许就粘上了病原微生物。研究者发现一部电话里潜伏的细菌数有2000多种，其中67%的病原微生物可以传给下一个拿起电话的人，电话亭、办公室乃至家庭电话机都可传播感冒、腹泻、肝炎、肺结核等数十种疾病。电话机的严重污染，是传播疾病的重要途径。

解决电话机带来的健康隐患的方法，就是给电话机消毒。

给电话机消毒主要有消毒膜和消毒剂擦拭两种方法。电话听筒消毒膜具有杀菌、消毒和除臭的功能，既可使话筒内进不去繁殖的细菌，也能将唾沫、口内水气等全部阻挡在话筒之外，保持话筒内外的清洁干燥。

消毒膜使用方法：将买回来的消毒膜两边胶布底撕去，完全粘贴在话筒上，起到密封话筒的作用即可。一般使用三个月，不超过三个月更换一次，否则就起不到抑制病菌传播的效果。

消毒剂擦拭方法：选用0.2%氯己定溶液对电话机进行擦拭，可杀灭98%的细菌，使用氯己定擦拭可以大约十天进行一次。另外也可以用75%的酒精来擦拭电话机的外壳部分，酒精擦拭也能起到杀灭细菌的作用。但由于酒精容易挥发,效果不能持久,所以选择酒精消毒时应缩短消毒周期,每三至五天消毒一次。

给电话机消毒只能消灭电话机上的细菌,如果接打电话方法不正确,同样会给身体带来不健康隐患。很多人打电话时将脖子侧弯,把话筒夹在脖子、肩膀和下巴之间,嘴里和电话那头的人说着话,手还在不停地写字或操作电脑,这一系列动作看似颇为潇洒,并且时间也得到了充分的利用,其实却极伤颈椎。如果经常这样打电话,颈椎病很快就会找上门来。

总之,为了健康,我们一定要改掉这些可能对我们的身体造成伤害的坏习惯。

8. 办公室养花草，养不对也为"患"

随着办公自动化的普及，电脑、复印机、传真机、电话等设备的应用，加上地毯、壁纸、房屋装修等，来自各种原因的污染，办公室里就像一个空气污染集中营，但是没有人专门来治理室内污染，于是大家都采用了最简单又有效的方法——养花栽草。花草不仅能美化办公室，更能在工作闲暇时放松绷紧的神经，还能吸收电脑辐射和有害气体，就像有害物质的"吞噬者"，把办公室里的空气还原到最佳状态。

但是养花栽草并不能只观赏它的美丽，还要注意它的作用。有的花看起来不起眼，但是它能"吸毒"，有的花能"吸尘"，还有的花却吸氧又排毒，所以，如果养花草养得不对，同样会成为健康隐患。养花一定要养适宜养在办公室内的花草，对人体健康有好处的花草，而排除掉那些对健康不利的花草。

下面列举一些适合在室内养的花草。

吊兰：居室内摆上一盆吊兰，在 24 小时内可将室内的一氧化碳、二氧化碳、二氧化硫、氮氧化物等有害气体吸收干净，起到空气过滤器的作用。

非洲菊：非洲菊是抵抗甲醛和苯的绿色武器。在室内适当摆置，具有清除因装修及使用办公设备而造成甲醛和苯的空气污染的功能，可保持室内空气清新。

仙人球：仙人球的呼吸孔在夜间打开，在吸收二氧化碳的同时能大量地放出氧气。在办公室中的电器旁摆放这种植物，可有效减少各种电器、电子产品产生的电磁辐射污染。

芦荟：一盆芦荟相当于九台生物空气清洁器。盆栽芦荟有空气净化专家的美誉。芦荟可吸收甲醛、二氧化碳、二氧化硫、一氧化碳等有害物质，尤其对甲醛吸收特别强。在4小时光照条件下，一盆芦荟可消除一平方米空气中90%的甲醛，还能杀灭空气中的有害微生物，并能吸附灰尘，对净化居室环境有很大作用。当室内有害空气过高时芦荟的叶片就会出现斑点，这就是求援信号，只要在室内再增加几盆芦荟，室内空气质量又会趋于正常。

白掌：它可以过滤空气中的苯、三氯乙烯和甲醛。它的高蒸发速度可以防止人体鼻黏膜干燥，使患病的概率大大降低。

龟背竹：夜间吸收二氧化碳，改善空气质量净化空气的功能略微弱一些，但龟背竹对清除空气中的甲醛的效果比较明显。另外，龟背竹有晚间吸收二氧化碳的功效。对改善室内空气质量，提高含氧量有很大帮助。加上龟背竹一般植株较大，造型优雅，叶片又比较疏朗美观。所以是一种非常理想的室内植物。

红颧花：能吸收二甲苯、甲苯和存在于化纤、溶剂及油漆中的氨。

龙血树（巴西铁类）、雏菊、万年青：可清除来自复印机、激光打印机和存在于洗涤剂和黏合剂中的三氯乙烯。

列举一些不适合在办公室养的花草。

夹竹桃：夹竹桃的花朵散发出来的气味，闻之过久，会使人昏昏欲睡。其分泌出的乳白色液体，接触过久过多，会使人中毒，如果误食，严重者则可能有生命危险。

夜来香：夜来香在晚上会散发出刺激嗅觉的微粒，闻的时间过长会使高血压和心脏病患者感到不适。丁香、夜来香的香气过于浓郁，使人有刺鼻的感觉，所以不适合放在办公室内。

杜鹃花：各种颜色的杜鹃花都含有不同的毒素，比如，黄色花的植株和花含有较强的毒素，人误食后就会中毒；白色花含有四环二萜类毒素，接触后会发生呕吐、呼吸困难、四肢麻木等症状。

郁金香：花中含有毒碱，人在花丛中待上一两个小时就会头昏脑涨，严重的可导致中毒。

含羞草：经常接触会引起毛发脱落。

水仙花：叶和花的汁液接触后可导致皮肤红肿。

不是所有漂亮的花都可以搬到办公室来养，漂亮但对健康无益的花，养在办公室反而是对自己的一种伤害。养花草有很多好处，对身体健康更是大有帮助，但一定要科学养花草，否则不仅对身体健康没有帮助，一不小心还会受到伤害，这就失去养花草的意义了。

第六章

重视出差健康，出差在外健康常在

在家千般好，出门万事难。出差不仅辛苦，途中情况也是千变万化，一不小心就会威胁到我们的健康。掌握出差健康要领，把握住出差健康的关键要点，保障出差健康，才能做到工作、健康两不误。

能陪你走到更远未来的只有健康

员工健康手册

1. 最有用的出差健康指南

出差是职场人的一项重要工作,许多人常年在外奔波,不仅要适应"舟车劳顿",还要保证有充足的精力去完成公司交代的任务,做到健康工作两不误并不是件容易的事情,它要求我们具有很强的适应环境的能力,又必须习惯任何地方的饮食习惯,还要打好作息时间战。可见"出差族"的辛苦非同一般,表面上看起来天南地北到处飞既潇洒又轻松,其实许多"在路上"的无奈只有自己才懂。

而对于一些出差少或初次出差的人来说,如果准备不充分,更是会把自己和工作都弄得一团糟。为了"出差族"的工作与健康,推荐一份最有用的出差健康指南,让你在出差过程中能轻松应对,圆满完成工作任务,又保证身心轻松、健康如常。

(1) 做好时间计划书

一般出差,短的一两天,多则几天甚至数十天。此行的目的与行程安排我们必须弄清楚,确定每天应该做的事情,在心里有个完整的准备。

(2) 出差前保证充足的睡眠

一些人总是在出差前一晚难以入睡,原因很多,有的是因为出差去一个自己向往已久的地方,比较兴奋而一时无法入睡;还有的是因为此去工作压力大、任务重而心事重重无法入睡;最常见的是因为莫名的紧张而失眠。不管是什么原因,我们都要努力改善睡眠,让自己体力充沛地出发。解决方法是调整好自己的心态,暂时忘却出差,用温水泡脚。因为足底有很多穴位,温水泡脚可以起到缓解情绪、放松等作用,可以帮助入睡。

（3）不要让自己感冒

无论是飞机、火车还是长途汽车，都有空调设施，冬天夏天都与外面有很明显的温差。如果经常在这两种环境中来来去去，就很容易患上感冒等呼吸道疾病，同时空调车厢里因为环境相对封闭，空气流通差，而且温度较低，因此人长时间处于这种环境下，也容易感冒。所以我们在坐火车或者汽车时，不要一有机会就下车"透气"，这样会由于人体一时无法适应这种快速转换导致感冒。另外，车内温度相对较低时，记得给自己添件外衣。

（4）注意饮食卫生

乘坐长途汽车或火车时，人们不得不在途中吃饭。有的人习惯带一些方便食品，还有的人喜欢到餐车吃或购买盒饭，或是在站台购买小贩的食品。如果这时不注意饮食卫生，就很容易被腹泻、消化不良等消化道疾病找上门来。"在路上"一定要注意饮食卫生，吃饭前一定要洗手。最好不要在途中购买食物，以防买到变质食物而引起疾病，出门时在行李箱中带上几个水果，一包小苏打饼干，或者一包坚果类的健康零食，适时给身体补充能量，在旅途中也要注意多喝水。

（5）备齐洗漱用品

住宿地的卫生状况对于保证出差族的健康极为重要。不论在大酒店还是小旅馆，浴盆、洗脸池、马桶及毛巾、浴巾、床单、被罩、枕巾等都是公用的，如果消毒不彻底，就有可能威胁到出差族的健康。住宿要尽量选择卫生条件好的酒店、旅馆。毛巾等洗漱用品最好不要用酒店提供的，用自带的放心。洗澡最好选择淋浴而不是盆浴，最好不要用公用的盆来泡脚，睡觉时最好穿睡衣。

（6）尝遍小吃，肠胃需要做好准备

出差也是带有任务的旅行，很多人到一个地方都不忘品尝一下当地的特色小吃，有的甚至信心百倍，要尝遍小吃。但是因为地域与生活习惯的

差异，并不是每个人的肠胃都能承受得起地方特色的。当面临特色小吃的诱惑时，一定要注意饮食有度，更不能"一次吃个够"，以免加重肠胃负担，尤其是生冷、海鲜类食物，不要一次性吃得太多，这些食物稍有不慎就有可能引起肠胃不适、消化不良甚至腹泻、食物中毒等疾病。出门前最好备点止泻药，以防中招。

（7）小心水土不服

长途出差气温、水土都会产生差异。过敏、咳嗽、呕吐、高原反应、疾病诱发都跟水土有关。出差前一定要对目的地的气候以及环境有所了解，并做好准备工作。如果要长期出差、路途比较长，而且环境变化比较大，出发前最好能对身体做一次基本检查。如果原本有慢性疾病，行动一定要遵医嘱。

（8）不要过度劳累

出差族面临的最大问题其实是日常的规律生活被打乱，从南到北，从东到西，不一样的地域甚至有明显的气候差异，加上不同的作息时间、不同的饮食，一切都需要出差族去适应。可以说出差远比在家上班辛苦得多。一个人过于劳累会加重心脏和血管负荷，出现血压波动，抵抗力也会下降。对于一些原本有心脑血管疾病的人来说，就更容易因为血压波动、心脏负荷加重而引起心脑血管意外，如突发心梗、中风甚至猝死等。所以即使你的身体是健康的，也不要让自己过于劳累，完成工作任务当然很重要，但是健康更重要。

2. 出行必备品,别忘急救箱

有人总结出门带好四样东西就行"身、手、钥、钱",就是身份证、手机、钥匙和钱包。有了这四样,走遍天下都不愁。对于经常出差在外的职场人来说,出门带这四样东西是远远不够的。人们所说的带齐这四样确实都很重要,但是出差少则一两天,多则数天,如果不带齐平时的生活必需品,将会带来很多不便。比如每天少不了的洗漱用品、比如换洗的衣物、比如女性平时用的化妆品等,缺了一样都不自在。除了这些,还有一件很重要平时又容易被人忽略的物件,那就是急救箱。

俗话说"在家千般好,出门万事难"。出门在外,没有人敢保证时刻都平安顺利,特别是出差一路颠簸,晕车、晕船、食欲缺乏、头痛发烧、过敏、磕磕碰碰都是难免的,遇到紧急情况,急救箱就起到了大作用,有时甚至还可以救人一命。

急救箱里应装的用品要根据出差时间的长短、去往地点的天气状况和当时的季节所决定。必备品包括以下这些内容:

(1) 晕车药

晕车是出差中最麻烦的一件事情。晕车不仅让人不舒服,还会影响工作和休息。所以,无论出差时间长短,无论出门的路程是远还是近,只要是出差,都不要忘了在急救箱中放一些晕车药,以备路上服用。

(2) 感冒药

感冒是出差在外遇见的最常见的疾病,也是人们防不胜防的疾病。无论空调还是地域差异,总有人一出门就感觉不适,一到出差地点就感冒。

这与本人的抵抗能力有关系，也与路途中一些不注意的细节有关系，不管是哪一种原因，感冒都不能忽视。随身携带感冒药，是保证出差完成工作任务的前提条件。感冒不是小病，它有可能诱发其他疾病，所以不能轻视。

（3）止痛药

出差途中突遇各种疼痛也并不少见，比如牙痛、胃痛、腹痛、头痛等。这时候，止痛药就有了用武之地。也许你正在与对方交涉，也许正是合约谈到高潮的时候，疼痛突然袭来令你猝不及防，但是有充分的准备，你就不必害怕，从容吃下止痛片，你又可以继续工作，不受任何影响。

（4）肠胃药

每一个地方都有它特定美食，这是出差人一定要品尝的。但美食固然可口，因为过于贪嘴而让身体受罪的并不在少数。如果你的急救箱里有针对消化不良、腹泻、恶心呕吐之类的药物，那就是帮了你的大忙。少受罪还能不影响工作，你一定会庆幸备上了这些药品。

（5）外伤用药

出差在外，特别是一些前往工地考察或谈合作的职场人，磕磕碰碰的事情经常发生。如果是小的刮擦，你可以不在意，也不必担心，但如果有大的伤口或者流血太多，就不得不引起注意了。在急救箱中，我们一定要备有外伤药品及包扎类用品，比如一些消毒好的纱布、绷带、胶布、脱脂棉等，另外体温计是常用的量具，一定要携带。

每个人都希望自己出差能够顺利、平安。不仅能够欣赏一路风景，品尝各种特色小吃，还能顺利完成公司交代的任务，这趟出差就算是完美了。但天有不测风云，谁也不敢保证一路无风无浪，平安固然是好事，但如果一旦有什么不舒适或者意外发生，急救箱所起的作用就不是吃一片药那么简单了，它有可能会预防一个人疾病的后遗症，也可能会挽回一单大的生意，就连挽回性命也不无可能。所以，一定要把急救箱列入你出差的必备品，因为它有可能是你最紧要关头的救命绳。

3. 晕车、晕机、晕船，这样搞定

晕车、晕机、晕船是生活中常见的一种现象，它是人体内耳前庭平衡感受器受到过度运动刺激，前庭器官产生过量生物电，影响神经中枢而出现的出冷汗、恶心、呕吐、头晕等症状群，医学上叫晕动病（又称晕车病）。这是一种常见的疾病，是汽车、轮船或飞机运动时所产生的颠簸、摇摆或旋转等任何形式的加速运动，刺激人体的前庭神经而发生的疾病。患者初时感觉上腹不适，继而恶心、面色苍白、出冷汗，旋即眩晕、精神抑郁、唾液分泌增多和呕吐。

出差途中如果发生晕车、晕船和晕机的现象，会让人很痛苦，轻者可以在结束搭乘后自行恢复，严重的需要足够的休息才能恢复体力。如果出差时间安排得紧，一下车、船或飞机就需要处理事务，那就很受罪了。如何预防或者减轻晕车、晕船和晕机的现象呢？

总体来说，保持体力、保证充足的睡眠是主要的手段。

（1）保持体力

出差时间定好后，一定要保证充分的休息。有的人因为出差前比较忙碌，手上工作比较多，所以即使在出发前一分钟还在工作，以致一踏上行程就格外疲惫。如果身体强壮，没有晕车、晕船和晕机的现象倒也还好，但是针对一些平常就晕车、晕船和晕机的人来说，这种疲惫状态无疑是雪上加霜。有足够的体力，可以在车、船或者飞机上来回走动，可以转移注意力与他人聊天，可以听音乐等来缓解晕症，但一上路就精神不振，对晕动症就很难控制了，所以休息好是最好的晕车药。

晕机的人在飞机起飞、穿云、转弯、下降着陆及较大的震荡、颠簸时，病人应尽量少活动。尤其是要固定头部，不要转动。由于空中高度、气温、气压等因素的改变，飞行时人体需要消耗较高热量，所以，饮食中要注意摄取较高热量的食品。一般在上飞机前，旅客可根据情况选择面包、点心、面条、酸牛奶、绿叶蔬菜、瘦肉、水果等。也不要吃得太饱登机，高空条件可以使食物在体内产生大量气体，吃得过饱，一方面加重心脏和血液循环的负担，另一方面可引起恶心、呕吐、晕机等"飞行病"。进食太油腻和多纤维的食物也容易引起不适症状。

（2）保证充足的睡眠

人体判断方向和维持自身的平衡主要由皮肤浅感受器、眼睛、颈和躯体的深部感受器及内耳等共同负责，其中以内耳最为重要。内耳的半规管以及椭圆囊和球囊主要有平衡功能。它们接受外界的平衡刺激，通过前庭神经，传到大脑皮层的平衡中枢来调节、管理平衡反应。当睡眠不足，人的大脑处于缺氧状态，表现出昏昏欲睡，头痛等症状。加上坐车、船和飞机都很累，外界稍微有刺激的味道或声音都会引起人体严重不适，导致晕车、晕船或晕机。

4. 重视出差途中的饮食

出差在外，饮食不规律，饥一餐饱一餐都会导致肠胃疾病的发生。还有的因为工作原因，迎来送往的饭局天天都有，直喝得人腿发软眼冒花。这更是对健康的不负责任。出差与我们平时在公司上班并无两样，只是换了工作场地而已。所以，我们同样要注重养生，同样要关注我们的健康。如何才能在出差时也保证饮食的健康呢？

（1）尽量做到三餐有时

出差在外，有时可能会忙碌一些，有时因为各种原因会耽误我们休息或者就餐时间。但只要不是出国，国内基本都是三餐制，时间安排大致一样。合理安排三餐时间与工作时间并不冲突。之所以有些人早餐不吃，中餐吃得太晚，是因为自己安排了其他事情耽误了正常就餐时间。有的出差联络方会安排一定的时间，如果与自己三餐时间有冲突，也应与对方协商，尽量符合自己的三餐习惯。

（2）不要暴饮暴食

有的人因为忙碌耽误了早餐，到中午就大吃一餐，有的是中午没时间，晚餐时海吃一顿，这都属于暴饮暴食。暴饮暴食是一种非常不好的饮食习惯。暴饮暴食后会出现头晕脑涨、精神恍惚、肠胃不适、胸闷气急、腹泻或便秘，严重的会引起急性胃肠炎，甚至胃出血。专家指出，暴饮暴食后2小时，发生心脏病的危险几率会增加4倍。可见暴饮暴食不仅对身体有害，还是很危险的行为。人进食后，食物的消化和吸收依赖于胃肠道和消化附属器官的正常结构和功能来完成。暴饮暴食完全打乱了胃肠道对食物消化吸收的正常节律，在短时间内需求大量消化液，明显加重附属消化器官的负担。而且出差在外，吃下去的东西并不一定完全能消化掉，有的可能因为饮食习惯的不同而导致肠胃不适。

(3) 尽量不喝酒

出差有时因为工作，免不了一些饭局。但是饭局也大都是为了更好地工作，如果在饭局上我们一味地由着性子吃喝，特别是酒，喝得太多会有很糟糕的结局。饭局上兴趣一来，三杯两盏不嫌多，举头就是一杯酒下肚的情况并不少。还有的甚至认为喝酒不爽快合作也就不顺利，于是再怎么难以咽下去，还得照样喝得"爽快"。我们都知道，喝酒对人体肝脏、胃、神经系统和大脑都会有不同程度的损伤。大量饮酒后，神经系统从兴奋到高度的抑制，严重地破坏神经系统的正常功能，而胃功能受损有可能引起胃出血，严重的会危及生命。

(4) 备些健康的零食

为了避免肚子饿了后饥不择食，控制不住食欲而多吃，同时又避免我们在外吃不安全的食物，我们可以备些健康零食，如全麦饼干、干果等，这样，就可以避免饥饿状态下的盲目饮食，又可以迅速恢复体力，保持健康活力，还能吃得放心，一举多得。

工作是我们人生的大事，工作成功，人生成功，工作失败，人生也就是失败的。但是光只有工作上的成就而失去了健康，无论是成就还是财富都毫无意义，人的最终目标是健康、快乐地生活。失去健康的奋斗是灰色的、浅薄的。

5. 高原反应不能轻视

高原反应是人体急进暴露于低压低氧环境后产生的各种不适，是高原地区独有的常见病。常见的症状有头痛、失眠、食欲减退、疲倦、呼吸困难等。头痛是最常见的症状，常为前额和双颞部跳痛，夜间或早晨起床时疼痛加重。由平原快速进入海拔3000m以上高原，或由高原进入海拔更高地区，急性高原反应在数小时或1~3天内发病。高原反应的症状一般有以下这些：

有头痛、头昏、恶心呕吐、心慌气短、胸闷胸痛、失眠、嗜睡、食欲减退、腹胀、手足发麻等症状，经检查不能用其他原因解释清楚。

仅表现轻度症状如心慌、气短、胸闷、胸痛等，但活动后症状特别显著。

脉搏显著增快，血压轻度或中度升高（也有偏低），口唇及（或）手指发绀，眼睑或面部水肿等。

有人认为高原反应只是一个从低处到高处的适应过程，不需要做处理，只要坚持，适应一段时间后症状就会自然消失。有的人确实可以这样，但对于体质较弱的人来说，这种想法是大错特错，当高原反应严重时，最不能做的就是坚持，一定要想办法增加氧气，并迅速转移到低处。网上有一位父亲的叙述，让我们能更清楚地认识到高原反应的危害之大：

"今年4月，我带儿子从家出发，开始了已经计划几年的西藏自驾游。为此我向单位请了年假，因为儿子已经7岁了，过了暑假就要上小学，所以我特地早早就向单位请了10天的年假，再加上五一劳动节三天假总共有两周的时间游玩……当行驶到二郎山大概三分之二的高度时，儿子出现了严重的高原反应……我立即飞奔返程，到达雅安时，儿子已经完全陷入了昏迷，我自己开进了雅安人民医院，医生会诊后告诉我，孩子情况严重，在采取了简单急救措施后，让转往成都市儿童医院，于是我们上了救护车，一路飞奔于当晚11点到达成都市儿童医院……凌晨1点半，成都市儿童医院医生从抢救室出来，告诉我孩子已经死亡，那一晚直到天亮我也不知道后面都干了些啥，当看到儿子从抢救室推出来被送往太平间时，我号啕大哭……解剖显示孩子的颅内和肺部都有巨大的水肿，正因为此导致孩子颅内压迫，肺部水肿急性窒息死亡……"一次期待已久的自驾高原游，父子俩欢欢喜喜出发，旅程才刚刚开始，却演变成无可挽回的悲剧……

这是一位父亲的悲剧，也是人类对高原反应的重新认识，高原反应并不是每个人都能坚持下来的。所以如果到高海拔地区出差，出现高原反应一定不能忽视，一旦有反应，要立刻作出正确的判断，以防止高原反应的恶化，而且要从一开始就做好预防。

（1）阶梯式上高原

阶梯式上高原是预防急性高原反应的最稳妥、最安全的方法。也就是说如果你所要去的地方在海拔4000米以上，你应该在海拔2500～3000米的地方休息两到三天，然后每天前进不超过900米，这样循序渐进，慢慢到达你需要去的目的地。

（2）备足药品

上高原前使用一些预防和减轻急性高原病症状的有效药物。有条件的可以吸氧，吸氧可以帮助缓解症状。

(3) 到达高原注意事项

初到高原地区,不可疾速行走,更不能跑步或奔跑,也不能做体力劳动,不可暴饮暴食,以免加重消化器官负担,不要饮酒和吸烟,多食蔬菜和水果等富有维生素的食品,适量饮水,注意保暖,少洗澡以避免受凉感冒和耗体力。在高原地区不要一开始就吸氧,尽量要自身适应高原环境,否则,可能在高原会对吸氧产生依赖。

对于高原适应力强的人,一般高原反应症状在 1~3 天内可以消除,适应力弱的需 3~7 天。

6. "水土不服"的缓解绝招

当人们由于改变了地理环境而发生身体不适，出现如食欲缺乏、精神疲乏、睡眠不好甚至腹泻呕吐、心慌胸闷、皮肤瘙痒、消瘦等症状时，人们视之为"水土不服"。

水土不服在出差时会经常遇见。从南方突然转到北方、从高原到平原、从中部到西部，从农村到城市，各种环境因素的改变都会引起"水土不服"。有的甚至对噪音、灯光不适应而出现疲乏、失眠等"水土不服"的现象。

当人们由一个地方到达另一个地方时，由于生活环境变化，使正常菌群的生活环境发生了变化，机体各部的正常菌群在种类、数量、毒力等方面都会发生变化，有些平时与机体共存的致病菌由于得不到制约，就会使人得病，而那些平时正常提供营养物质、帮助消化吸收的细菌也会受到抑制而减少，从而出现"水土不服"的症状，用医学术语来说，就是"菌群失调症"。水土不服当中，尤以"腹泻"更为常见。水土不服而引起腹泻的常见原因，是饮食上出了一些问题，吃的食物不干净，或是饮食不节制吃得太多、忽热忽冷等，都会导致腹泻。因而要注意以下两点。

（1）品尝地方特色小吃时要适量，多喝酸奶

酸奶中的乳酸菌有助于保持肠道菌群的平衡，能最大限度避免胃肠道紊乱诱发的腹痛、腹泻等不适。如果不慎出现了腹胀、腹泻，必要时可服用多潘立酮或小檗碱片，如出现恶心呕吐可服甲氧氯普胺。

（2）保持原有生活习惯

对于出现咽喉疼痛、口腔溃疡、鼻出血、便秘等"上火"症状的人群，应尽量保持原有的生活习惯，不要轻易改变作息时间，也不要因为有"地方特色"而忽视了平时的口味。少食辛辣，多吃清淡的果蔬及粗纤维食物，多喝水。

水土不服虽不是什么大事，但是出差在外，如果水土不服就会吃不好，睡不安。这样不仅对工作不利，也会使人体健康受到伤害，所以，一定要记住这些小妙招，也许在旅途中就能用得上。

7. 出差"认床"怎么办

出差认床的毛病可是苦了很多人，明明很辛苦，明明睡意很浓，就是睡不着，想尽办法还是睡不着。心里着急想要睡着，不然会影响明天的工作，但越是着急越是睡不着，就这样辗转反侧一夜到天明，不得已，第二天肿着个熊猫眼去谈合作，去见客户。认床指的是因为长期睡的床睡习惯了，换一张新的床不习惯所造成心理不适应现象，可能会引起睡眠障碍。认床是一种心理作用，总感觉换了新的环境没有安全感，睡不踏实或者睡不着。

一个人在外出差，如果出差天数多，又持续认床的话，那简直就是活受罪。有什么好的方法能减少认床带来的痛苦与煎熬呢？

首先，我们要从心理认知认床是心理作用，并不是疾病，也不是睡眠障碍，只有我们从心理改变"换个环境不能睡着"的潜意识，慢慢就会习惯在外住宿的日子。平常还有许多小方法，可以帮助我们在出差时不再认床，舒服地睡个好觉。

（1）睡觉前把灯光调到最柔和

灯光太亮或者太暗对睡眠都会有影响，特别是认床的人对于太暗的灯光有种不安全感，但是太亮又刺激眼睛，不容易入眠。把灯光调整到最柔和的状态，有利于入睡。

（2）放一段喜爱的音乐

一段轻柔优美的音乐能让人彻底放松紧张，听着优美的音乐，也许你能够很快入眠。

(3) 出差时带一件自己习惯用的枕头或者枕边的小玩具

这种做法多适用于女性。枕头带在身边，虽然身在异乡，但有自己或者家人熟悉的味道，心中就有种安全感，能有效帮助睡眠。

(4) 选择合适的酒店

选择酒店时要选睡眠环境与家里差不多的，或者第一感觉是很舒适安全的，这样从心理上认定这个地方不错，适合住宿，然后睡前泡一个热水澡。泡热水澡能让全身肌肉放松，对帮助睡眠有很大的作用。

(5) 睡前把窗帘拉严实

窗帘不严会让人感觉室内缺乏安全感，对于女性，这是很难入眠的。

(6) 早上不要起得太晚

哪怕是那天工作安排不紧，早上有足够的时间赖床，你也不能起得太晚，这样会影响晚上的睡眠。

(7) 睡前喝一杯热牛奶

热牛奶一直被认为是睡前很好的放松饮品，它有助于身体产生一种向大脑传递"睡眠信号"的介质——血清素。

这么多的小方法，如果出差还认床，多试试，一定能有助于缓解。

8. 野外防虫必知

出差有时候并不一定是去闹市,还有可能去的是野外,比如去工地、一个待开发的矿地。野外风景好,空气好,但除了冬季虫子相对少些,其他各个季节蚊虫都多,我们一定要掌握防虫知识与技巧,不然一不小心会被蚊虫所伤。

一般常见的具有威胁性的昆虫有以下几种。

(1) 蜈蚣

蜈蚣毒性较强,可以引起神经系统病变和溶血等严重后果。小蜈蚣咬伤,仅在局部发生红肿、疼痛,热带型大蜈蚣咬伤,可致淋巴管炎和组织坏死,有的可见头痛、发热、眩晕、恶心、呕吐,甚至抽搐、昏迷等全身症状。

蜈蚣咬伤后立即用肥皂水清洗伤口,局部应用冷湿敷伤口,亦可用鱼腥草、蒲公英捣烂外敷。

(2) 黄蜂

黄蜂又称为"胡蜂""蚂蜂"或"马蜂",是一种分布广泛、种类繁多、飞翔迅速的昆虫。在遇到攻击或不友善干扰时,会群起攻击,可以致人出现过敏反应和毒性反应,严重者可导致死亡。被黄蜂蜇后,受蜇皮肤立刻红肿、疼痛,甚至出现淤点和皮肤坏死;眼睛被蜇时疼痛剧烈,流泪,红肿,可以发生角膜溃疡。全身症状有头晕、头痛、呕吐、腹痛、腹泻、烦躁不安、血压升高等,以上症状一般在数小时至数天内消失;严重者可有嗜睡、全身水肿、少尿、昏迷、溶血、心肌炎、肝炎、急性肾功能衰竭和休克。部分对蜂毒过敏者可表现为荨麻疹、过敏性休克等。

若是被黄蜂蜇伤，要立即检查蜇伤处，挤出毒液，涂抹食醋中和毒液，然后去医院紧急救治。

（3）毛毛虫

毛毛虫色彩美丽，但有的幼虫身上有很多有毒的刚毛，人碰到的话皮肤会红肿。毛毛虫分布很广，各种树木上多生有这种小毛虫。到树下纳凉时应戴宽边草帽或遮阳帽，穿长袖衣服，不要在有毛毛虫的树下停留。若不慎身上落有毛毛虫，不要乱拍打，应轻轻抖动掉，皮肤上如沾有毒毛，可用医用胶布把毒毛粘去。若一时找不到医用胶布，可用透明胶纸代替。千万不可抓挠或乱摸，否则会越发严重，身体局部就会出现极痒的红疹，且会快速扩散，痒不堪言，严重时红疹还会形成水疱。毒毛彻底清除干净后，在局部受伤的皮肤上涂抹皮炎平、氟轻松或炉甘石洗剂，每日可涂抹多次，并经常自行冰敷，两个星期即可痊愈。

（4）蜱虫

蜱虫是一种体形极小的节肢动物寄生物，仅约火柴棒头大小。不吸血时，有米粒大小，吸饱血液后，有指甲盖大。蜱虫在叮刺吸血时多无痛感，但可造成局部充血、水肿、急性炎症反应，还可引起继发性感染。蜱虫主要栖息在草地、树林等环境中，应尽量避免在此类环境中长时间坐卧。如需进入此类地区，尤其是已发现过病人的地区，应注意做好个人防护。可在暴露的皮肤和衣服上喷涂避蚊胺等驱避剂进行防护；蜱虫常附着在人体的头皮、腰部、腋窝、腹股沟及脚踝下方等部位。在蜱虫栖息地活动时或活动后，应仔细检查身体上有无蜱虫附着，如发现蜱虫附着在身体上，应立即用镊子等工具将蜱虫除去。因蜱虫体上或皮肤破损处的液体可能含有传染性病原体，不要直接用手将蜱虫摘除或用手指将蜱捏碎。

（5）隐翅虫

毒隐翅虫因体内有毒液而对人有威胁，但并不致命。人体皮肤接触少量毒液后（如隐翅虫从皮肤上爬过），皮肤会出现点状、片状或条索状红斑，随后中央呈灰褐色坏死。若受伤面积不大，会有轻微痒痛感；若受伤面积较大（如多处皮肤被隐翅虫爬过），则会有强烈痒、痛感觉，可能伴随淋巴结肿大、发烧等。

若人体皮肤接触大量毒液（如毒液流到皮肤上），则受伤部位会产生水泡，周围皮肤红肿，水泡与红肿间为一原肤色的圈状部分。水泡可以弄破，如用棉签挤破，然后用盐水洗净，但是不久后会重新产生水泡。水泡不久后会自然消失，患处会隆起，患处隆起部位皮肤组织将全部坏死，形成深咖啡色疤，在疤下长出新皮肤，但是新皮肤颜色很淡，与周围皮肤有一定差异，痊愈后，患处像被刀割伤后痊愈的样子。所以，留下的疤痕对皮肤的影响最大。

被隐翅虫爬过后，务必保持患处清洁，一般可以自动痊愈。但是，为了加速痊愈、防止皮肤感染，或者减小痒痛感，患者应立即到医院的皮肤病科就医，一般医生会开外用药涂抹患处，约两个星期后会好。

避免昆虫伤害的最好方法就是穿长袖衣裤，最好上衣带有帽子，以防某些小生物空降到你的领子里。即使是大热天，这个装备也是必需的。衣服的颜色不要太鲜艳，特别是黄色和红色，很容易招虫子。浅蓝、淡绿都是合适的颜色，最好是穿迷彩服。鞋子应选择高帮的，因为草丛中除了虫子还可能有蛇，而最容易被蛇袭击的部位就是脚踝。去野外前最好准备一些驱蚊花露水，蚊香、杀虫剂也带上。野外的蚊虫比较多，应当选择带有细密蚊帐纱的帐篷。

9. 旅途中的美容保养技巧

出差是一件非常辛苦的事情,不仅途中奔波劳累,而且还要面临着水土不服、气候变化及身体的不适等各种问题,现代职场女性的位置越来越重要,出差队伍中女性也越来越多,面对地域环境、气候的变化、承受各种压力与辛苦,使得女性肌肤变得十分干燥,痘痘产生,黑头粉刺的增多等,这些问题不仅影响我们的形象,还令我们心情也受到影响。在辛苦的旅途中依然有个美丽的模样是职场女性的向往,如何才能做到呢?有没有什么特殊的技巧?当然有,掌握了这些小技巧,出差依旧美美的。

(1) 补水第一位

出差在外有时候免不了风吹日晒,要想保持滋润的肌肤,补水是关键。一款好的乳液加上面霜,哪怕是面对干燥的环境,水分还是会被锁住。在选择乳液时,我们要倾向于锁水效果好的,保湿时间长的,这样才会令肌肤时刻充满活力。

(2) 防晒是关键

如果要去的是紫外线相对较强的南方,那么防晒就是重中之重了。不要去贪恋海边的阳光,也不要存在侥幸心理,认为一时半会儿是晒不黑的。不管出不出门,不论是阴天还是晴天,防晒霜是必须要抹的,不但白天要抹,晚上还要做防晒修复,这样才能保证出差回来的时候与原样无异。

(3) 眼部呵护要加倍

有时可能为了赶飞机或火车,一夜没有休息好,面部一脸倦容,眼睛也酸涩不适，更要命的是厚重的黑眼圈看起来样子很不优雅。这时需要用温水洗脸，加速面部肌肤的代谢，并仔细按摩眼部，最后涂好眼霜，帮眼部补充氧气和水分。

(4) 晚上卸妆要彻底

白天涂防晒霜、补水、乳液、面霜、隔离霜，各种营养品堆在脸上，晚上如果不清洗干净的话，很可能导致脏空气和粉尘堵塞毛孔，几天下来粉刺痘痘就出现于面颊了，毛孔也会越来越大，加上由于环境的改变，体内毒素不容易排除，肌肤干裂，很是难受。旅行中带一款平时用惯了的洁面乳，既方便携带又能做好清洁工作，是养颜步骤中不可少的。

(5) 再累也要敷面膜

面膜有利于肌肤排除表皮细胞新陈代谢的产物和累积的油脂类物质，面膜中的水分渗入肌肤表皮的角质层，皮肤变得柔软，增加弹性。在外劳累一天，敷个面膜使面部肌肤放松、补水，可以缓解一天的劳累，挽回受伤的肌肤。出差前根据自己出差的时间带一些片装面膜，既方便携带又能轻松解决肌肤问题，是不错的选择。

不管是哪一种方式的保养，都是为了肌肤更健康。出差在外所带的各种化妆品都一定要是自己曾经用过的，效果比较好的。那些从来没有接触过的产品，就算推荐者说得再好，我们也不要考虑，因为如果用起来有不适甚至过敏现象就会让我们的肌肤一团糟，心情更会一团糟，影响工作不说，肌肤的修复可不是一朝一夕能完成的。

10. 健康"倒时差"的方法

不同两个地区地方时之间的差别,称之为时差。地球辽阔,出差一族经常南来北往,东飞西飞,北欧南美、南极北极,免不了会面临倒时差的问题。时差会破坏人体生物钟节律,产生一系列生理紊乱现象,睡眠、消化系统、体温,甚至激素分泌都会受时差的影响。医学上把这种现象叫做"时差综合征",严重的病人可能出现头痛,耳鸣,心悸,恶心,腹痛,腹泻,以及判断力和注意力下降等。

地球上的所有生命都有一种生理机制叫生物钟,也就是从白天到夜晚的一个24小时循环节律,比如一个光与暗的周期,与地球自转一次吻合。生物钟是受大脑的下丘脑视交叉上核控制的,我们有昼夜节律的睡眠、清醒和饮食行为都归因于生物时钟作用。"倒时差"就是要让我们的生物钟与地球明暗的节律协调起来。

人是有一定自身调节能力的。因此,一般一两个小时的时差在生理上并不会反映出来,如从中国飞日本一个小时时差,或从中国飞印度两个半小时时差,都没有太大的影响。但是,当时差达到六七个小时的时候,在生理上的反应就比较明显了,如从中国飞欧洲大陆,冬天七个小时时差,夏天六个小时,最具有挑战的时差是一天的一半:十二个小时。如中国飞美国东部,夏天十二个小时时差,冬天十三个小时,也就是说从中国到了美国,正当身体需要睡觉时是中国的半夜十二点,而在美国却正好是中午十二点,是不应该睡觉的时间。而到了美国的入睡时间晚上十点时,正好是生理时钟中国时间的上午十点,又可能该睡却睡不着。这就需要采取一定的方法调节这种差距，让自己的生物钟与当地的节律协调起来。

科学地"倒时差"不能盲目地根据自己的时间表强迫自己，而是要健康合理地调整身体的生物钟。

(1) 做好出差前的准备

一旦出差时间定下来，你可以预先按照将要去往的目的地调整自己的作息时间，把手表拨到目的地时间，完全按照目的地的时间生活。到了该休息的时候，不困也要放下手头的事情，闭目养神；不到该睡的时候，就是困极了，也得喝咖啡喝茶甚至运动，硬挺着不睡。让生物钟与当地一致，这样到达目的地后就不用担心"倒时差"的困难了。比如你将去的目的地与本地时差相差八小时，那么，你可以推迟睡觉时间，尽量做到晚睡、晚起，以达到与目的地相同的作息规律。

(2) 借助墨镜

我们时常看到一些出差族一上飞机就戴上眼罩或者是墨镜，下了飞机墨镜还是戴着。其实戴墨镜是帮助调整人体生物钟的一个简单办法。戴墨镜不是想戴就戴，不想戴就摘下来这么简单，要结合所要到达目的地的人们的作息情况来摘戴墨镜。戴墨镜的方法，实际上是借助墨镜来模仿目的地白天、黑夜的交替情况，使身体从心理和生理上尽早处于和目的地环境相似的情况之中，起到一个提前适应的作用。

(3) 尽可能地运动

运动对于倒时差也是很有帮助的。在出差前一个月要坚持每天定时定量地运动，这样不仅能够有效应对时差带来的不适感，还能强健体魄，减少旅途带来的疲劳感。在飞机上我们也可以尽量多走动，保持血液循环无障碍。到达目的地后，尽量安排一些参与性较强、使人兴奋的活动，让自己尽快忘掉时差的存在，这样时差慢慢就调过来了。

(4) 选择出行时间

如果有可能的话，我们最好选择白天到达目的地，经过长时间的飞行后，身体能够很快进入休息状态，这样，我们就能忘记时差，更好地适应环境。

（5）多晒太阳

有研究表明，光照可帮助人们更好地调整生物钟，因此在目的地要多晒点太阳。这跟人体中枢中的褪黑激素有关，褪黑激素会降低大脑神经的兴奋度，减缓新陈代谢，促使人进入睡眠状态。同时，褪黑激素也会受到外界刺激的影响：当光线强烈时，褪黑激素分泌得少；光线转暗时，褪黑激素分泌就比较旺盛，所以人在阴暗的环境下容易产生睡意。因此，在到达目的地后，白天应尽量在光线明亮的地方活动或休息，多晒太阳。

（6）科学用药

对于因为时差造成的失眠，有人会服用安眠药来帮助睡眠。这种方法有一定的可行性，但是服药一定要科学，遵医嘱。最好在时差没有倒过来的夜晚服用，白天就算是困但睡不着也不要借助安眠药来入睡，否则会出现头痛等副作用。在服用药品之外，还可以使用有助于睡眠的植物精油，比如在枕头上滴几滴薰衣草精油，能够让人放松，促进睡眠。

第七章

警惕职业伤害，注意防范新型职业病

工作是人生的需要，是我们的职责和使命。但工作同样也会对我们的健康造成一定的伤害。了解自己的职业，了解相关的职业病知识，认真做好防范，远离职业伤害是维护健康的重要内容。

珍惜自己的身体，才能更好地工作。

1. 提高防护意识,加强职业防护

职业伤害分为两种,一种是来自现场作业缺乏安全意识,防护不当或者缺乏防护而导致的现场安全事故;另一种是在从事有毒有害工作时防护不当造成的各种职业病。安全事故带来的伤害猝不及防,但职业病却是长期形成的,可以提前防范,并能取得较好效果。

但在实际工作中,很多员工却并不太把职业防护放在心上,大大咧咧,不按要求做好防护。工作服不系扣,安全帽不紧拉绳,螺丝少上一颗、少拧一扣的现象并不少见。有人在作业现场随便把安全帽摘下;有人在高空作业时不系安全带;有人随意脱离岗位;有的人在高温设备面前穿着背心、拖鞋进行操作;有的人在进行有毒物质加工时不戴口罩;有些人因为天气太热或者麻烦而不穿戴劳保用品……这往往会造成严重的后果,可很多员工根本就没有注意,以致真正患上了职业病,后悔也晚了。

平常不加强防护,缺少防护意识,等到疾病真的找上门来时,已经来不及了,无力回天了。这样无疑是极可悲的。

员工要提高自我防护的意识,首先要从思想上、从心底深处认识到防护的重要和必要,克服马虎大意,认为防护不必要甚至不重要的思想,对保护我们的身体安全是极为不利的。国家有关法律、法规,行业、企业对劳动保护用品的发放、使用都有明确规定和要求,是长期以来无数次血的教训和各种经验的总结,劳动者在作业时,正确佩戴和使用劳动保护用品,既是一种规章规定,也是一条铁的纪律,还是搞好生产的第一道安全屏障。要时刻提醒自己,坚决按照规定做好劳动保护,预防或减轻各类职业事故的伤害，养成正确佩戴和使用劳动保护用品的好习惯，把自我保护当成一种习惯，形成一种风气，职业伤害就会减到最小。

工作是一个长期的过程，以"天"为基础单位来看，职业危害对人的损害并不明显，甚至是非常轻微，因而对于职业防护，有很多员工可能会不以为意，认为完全没有必要，特别是对于一些职业损害轻微、但形成职业病以后很难根治的职业病的防护，远没有引起足够的重视，像防尘、防噪、防高温、防辐射等，这对于员工的身体健康是非常危险的。每一天可能我们都不会有什么大的变化，但日积月累，终有一天，我们会被我们的疏忽打趴下的。只有提高防护意识，做好职业防护，才能始终保持健康。

2. 办公室要注意防辐射

随着现代科技的高速发展,一种看不见、摸不着的污染源日益受到各界的关注,这就是被人们称为"隐形杀手"的电磁辐射。对于人体这一优良导体,电磁波不可避免地会构成一定程度的危害。

电磁辐射又称电子烟雾,是由空间共同移送的电能量和磁能量所组成,而该能量是由电荷移动所产生。举例说,正在发射讯号的射频天线所发出的移动电荷,便会产生电磁能量。电磁"频谱"包括形形色色的电磁辐射,从极低频的电磁辐射至极高频的电磁辐射。两者之间还有无线电波、微波、红外线、可见光和紫外光等。

随着办公用品的自动化,办公室里辐射也越来越严重。手机、电脑、打印机、传真机、复印机无一不是电磁辐射的凶手。或许一时半会没有感觉,但是时间一久,身体各方面不适慢慢显露出来:腰酸背痛、眼睛干涩、黑眼圈日渐加重、皮肤发黄、发干,有的甚至会出现小红疹或者红斑。然而人们一刻也离不开电脑,没有电脑就不能办公,没有电脑就不能工作。办公室里这样的电磁辐射很多,要注意防护。

(1) 电脑

电脑屏幕的 X 光辐射:这种辐射通常只需要一个纤维玻璃就可以阻隔,如果没有纤维玻璃,就要尽量保持与电脑屏幕的距离超过 30 厘米。电脑背面的电线圈辐射的危害较大,但一般人不会在电脑后作业。如果是在电脑机房上班的则要注意,尽量避免在电脑后作业。

（2）手机

手机的辐射也是微小的一种，它的效力虽然没有微波炉强，但也会对人体造成危害。因此，最好减少使用手机的机会，也尽量避免将手机挂在腰间。

（3）复印机

在使用复印机时，身体距离机器30厘米为安全距离。目前市面上较新型的复印机把有辐射的部分装在底盘上，这种复印机对身体危害较小。

（4）医疗环境防辐射

如果是在医院X光照相室，就更需要做好严格防护，坚决最大限度地隔绝掉辐射对身体的伤害。

（5）辐射环境下的工作防护

如果是在辐射环境下工作，作业人员要熟悉操作程序和安全操作规程，工作前应认真做好各项准备，如熟悉所用辐射性核元素的放射强度；工作结束后应及时清理用具，清除放射性污染物；在离开作业场所时应洗手或沐浴。正确使用防护用品，如穿戴工作服、防护镜、口罩、面盾等。在放射性工作场所内严禁饮食、喝水、抽烟和存放食品。

非电离辐射环境下工作，由于电磁场辐射源所产生的场能随距离的增大而减弱，所以在不影响操作的前提下尽量远离辐射源；避免在辐射流的正前方作业，可有效防止微波辐射。为防止辐射线直接作用于人体，合理地使用防护用品是十分重要的。穿戴金属防护服可防止射频辐射，穿戴微波屏蔽服、红外线防护服、防护帽、防护眼镜等可防止微波、红外线辐射。激光和红外线防护的重点是对眼睛的保护，除佩戴防护眼镜外，还要定期检查眼睛。

辐射是心血管病、糖尿病、癌突变的主要诱因；辐射易对人体生殖系统、神经系统、免疫系统造成伤害；辐射是孕妇流产、不育、畸胎等病变的诱发因素；辐射直接影响儿童的发育、骨髓发育，导致视力下降、视网膜脱落、肝脏造血功能下降；辐射可使性功能下降、女性内分泌紊乱、月经失调。因而，防辐射一刻也不能大意。

3. 粉尘环境尤其要戴好口罩

生产性粉尘是指在生产中形成的，并能长时间漂浮在作业场所空气中的固体颗粒。生产性粉尘的来源非常广，在生产环境中，单一粉尘存在的情况较少，大多数情况下两种以上粉尘混合存在。生产性粉尘根据其理化特性和作用特点不同，可引起不同的疾病。

（1）呼吸系统疾病

长期吸入较高浓度粉尘可引起肺部疾病为主的全身疾病。如粉尘作用于呼吸道，可引起鼻炎，严重时还可形成咽炎、喉炎、气管及支气管炎。长期吸入不同种类的粉尘可导致不同类型的尘肺病或其他肺部疾患。我国按病因将尘肺病分为12种，并作为法定尘肺列入职业病名单目录，它们是矽肺、煤工尘肺、石墨尘肺、炭黑尘肺、石棉尘肺、滑石尘肺、水泥尘肺、云母尘肺、陶工尘肺、铝尘肺、电焊工尘肺、铸工尘肺。

（2）中毒

吸入铅、铜、锌、锰、砷等毒性粉尘，可引起中毒。铅中毒是慢性的，但中毒者如果发烧、吃了某些药物或喝了过量的酒，也会引起中毒的急性发作。

（3）呼吸系统肿瘤

石棉、放射性矿物、镍、铬等粉尘均可导致肺部肿瘤。

（4）局部刺激性疾病

如金属磨料可引起角膜损伤、浑浊，沥青粉尘可引起光感性皮炎等。

（5）皮肤疾病

接触或吸入粉尘，对皮肤、角膜、黏膜等产生局部的刺激作用，并产生一系列的病变。作用于皮肤可形成粉刺、毛囊炎、脓皮病，如铅尘浸入皮肤，会出现一些小红点，称为"铅疹"。所以在粉尘作业环境中工作，务必记得戴好口罩，做好全面防护。

消除或降低粉尘是预防尘肺病最根本的措施。通过革新生产设备、实现自动化作业，避免操作人员接触粉尘；采用湿式作业，可在很大程度上防止粉尘飞扬，降低作业场所粉尘浓度；对不能采用湿式作业的场所，应采用密闭抽风除尘方法。

作业中接触粉尘的人员，在作业现场防尘、降尘措施难以使粉尘浓度降至符合作业场所卫生标准的条件下，佩戴口罩是防尘的最后一道屏障。但是很多人佩戴口罩只是图个心理安慰，并没有按要求使用专业的口罩，有的甚至嫌戴口罩麻烦，不方便而不戴，这都是严重的违规和对自己健康不负责任。在选择口罩上，我们从业人员不能用纱布口罩替代防尘口罩，并且一定要选择适合的、通过质量认证的防护口罩，从业人员在使用防尘口罩时应用双手把鼻夹沿面部按压，使口罩贴合脸部，防止粉尘漏入。同时，当防尘口罩出现破损、吸气阻力增大等情况后，从业人员应及时更换，确保防护效果。

 4. 有毒环境作业要防中毒

接触生产性毒物的行业和工种很多，例如，化工、农药、制药、油漆、颜料、塑料、合成橡胶、合成纤维等行业；有色金属矿及化工矿的开采、熔炼；冶金、蓄电池、印刷业的熔铸铅；仪表、温度计、制镜行业使用的汞；喷漆等作业接触的苯和烯料等。

生产性毒物在生产过程中以气体、蒸汽、雾、烟和粉尘五种形态污染车间空气，对人体的危害程度与毒物本身的理化特性及毒物的剂量、浓度、作用时间有关，还与机体的健康状况、中毒环境、劳动强度有关。

毒物侵入人体的途径有三条：呼吸系统、皮肤吸收、消化系统。大部分毒物是通过呼吸系统侵入人体而引起中毒的，呼吸系统是毒物进入人体的主要途径；生产性毒物经皮肤侵入人体也是发生中毒的重要途径，不同部位的皮肤对毒物的通透性虽然不同，但任何部位均可通过，甚至指甲也可能被有机磷通过，如果皮肤有伤口，毒物可直接侵入人体血液；生产性毒物经消化道侵入人体，其原因主要是误服或进食、吸烟时经沾染毒物的手不慎带入。面对有毒作业，首先要做好防护措施，确保自身安全。

有毒环境作业的防护措施：

(1) 控制与消除有毒物质

用无毒或低毒物质代替有毒或高毒物质；改革生产工艺、生产设备，尽量将手工操作变为机械化、密闭化、自动化和遥控化操作。

(2) 降低生产性毒物的浓度，避免有毒物质与人体接触

对生产过程中无法避免的有毒物质，通过安装合理的通风、排毒设

备，使毒物得到有效控制。

（3）按要求穿戴好防护服

防护服装包括防护服、鞋、帽、眼镜、手套等。为防止毒物经皮肤侵入人体或损伤人体，对防护服装的选择、设计应有利于防毒、轻便、耐用，不影响体温调节。防护服应有专用柜存放，禁止穿防护服去食堂、浴室、宿舍等。防护服应经常清洗、保持卫生，必要时进行化学处理。

（4）务必戴上防毒口罩或防毒面具

防毒口罩和防毒面具属于呼吸防护器，种类很多，根据防护原理可分为过滤式和隔离式两大类。

过滤式：将空气中的有害物质过滤净化，达到防护目的。在作业场所空气中有害物质的浓度不很高的情况下，佩戴此类防护器。

隔离式：佩戴者呼吸所需的空气（氧气）不直接从现场空气中吸取，而是由另外的供气系统供给。这种防护器多用于空气中有害物质浓度较高的作业场所。

（5）建立卫生设施

根据国家有关标准结合职工数量和工作性质建立合理的卫生设施，设置盥洗设备。员工要养成良好卫生习惯。

（6）定期体检，定期监测

对从事有毒作业的职工进行定期体检，定期监测作业环境中的有毒有害物质浓度，保证有毒有害物质浓度在国家允许范围内。

（7）严格遵守安全操作规程，避免中毒事件的发生

安全事故是我们每个人都不愿意看到的。但是有不少人说起安全事故都很重视，但真正在行动中往往忽视一些细节，导致不良事故的发生。个人防护关键在于个人的防护意识，一个防护意识强烈的人，是不会让自己在任何情况下受到伤害的。在有毒工作过程中我们一定要遵守规章，以自己的健康安全为前提，做好防护工作。

5. 密闭工作环境伤害健康

我们都知道,空气不流通,污染源严重对人体的危害是很大的。它可能诱发心脏病,可能因为呼吸道感染而伤害到肺,也可能因为严重空气不足伤害大脑,还有可能在工作过程中吸入有毒气体而伤亡。我们日常接触的密闭式工作环境有两种:一种是近似密闭的办公室,另一种是特殊行业如对有毒物质的清理一类,都需要我们做好防护,维护健康。

(1) 封闭式办公室内的健康防护

现代化大楼多为封闭式的空气调节,空气缺乏流通,办公室频繁装修,办公室抽烟及电子办公设备密集等,让"风吹不到,雨淋不着"的办公场所潜伏了不少健康隐患。室内空气污染对人体的危害远远超过室外的污染,同样的污染,室内对人体的伤害至少是室外的2到5倍。室内不卫生、空调长期不清洗,可产生大量的细菌、可吸入颗粒物,它们可以通过人体呼吸道进入肺和其他组织,引起炎症和血栓,诱发心脏病。装修污染、吸烟等环境所致严重的空气污染对心脏更是危害巨大。

在目前的办公楼房中,多数只注意空气的温度,往往忽视空气的相对湿度和空气的流动速度。湿度太低,空气干燥,易使上呼吸道黏膜受伤,感觉眼干、喉燥;湿度太高,达到70%时,会觉得闷热。合理调控办公室内空气的温度、湿度和速度,以保持合乎人体生理的氛围和卫生、舒适、高效的工作环境。保持办公室卫生环境也很重要,办公室人多,每个人都要养成良好的卫生习惯,不随地扔垃圾,不在公共场合吸烟,也可以在室内养一些花草吸收有害气体;使用灯光时注意生物节律,多用自然光。

(2) 密闭空间作业的健康防护

在密封空间或者是近似密封的空间内工作，会使工作人员产生胸闷、气急、乏力、头昏等症状，一些有毒密闭环境还会出现中毒死亡的严重情况。密闭空间的主要危害有：

有毒气体危害。聚积于密闭空间的常见有害气体有硫化氢、一氧化碳、甲烷、沼气等，当人体吸入后，易导致中毒。

缺氧危害。空气不流通的密闭空间，被人体不能吸入的气体（如二氧化碳）挤占，氧气含量低，工作人员长时间进入后，可由于缺氧而窒息。

火灾爆炸危害。当密闭空间存在的甲烷或沼气等易燃气体，或在其内进行涂漆、喷漆、使用易燃易爆溶剂等，如遇焊接、切割等作业产生的火花时，可能导致火灾甚至爆炸。

生物病原体危害。废置井、污水管道（渠）、化粪池、沼气池等，其内的各类有害细菌、病毒等，经皮肤进入人体致病。

物理因素危害。过冷、过热、潮湿的密闭空间有可能对施工人员造成危害；湿滑的表面有导致施工人员摔伤、磕碰等的危险；清洗大型水池、储水箱、输水管（渠）时，有遇溺的危险；进行人工挖孔桩作业时，有坍塌、坠落的危险。

在密封空间或者是近似密封的空间内工作时，首先要配备安全生产管理人员和专职监护人员，在进入密封空间或者是近似密封的空间之前要先使用气体检测仪检查一下是否有有毒有害物质存在，如果有，根据有毒有害物质的浓度和其他特性，来选择呼吸防护用品，如过滤式防毒面具、空气呼吸器、长管呼吸器等，如果有毒有害物质可通过皮肤进入身体内，还要穿着防化服。

一些特殊行业有危险性的气体、蒸气、尘埃或者烟气存在。比如清理污水沙井，在搅拌底部的淤泥或者清理化粪池底部，都会出现大量硫化氢剧毒气体；在进行电焊维修密闭容器时，工作设备会产生一氧化碳等有毒气体；又或者是如沉箱在挖掘过程中可能产生硅尘引起矽肺等。由于密闭空间的危险、复杂作业环境，导致密闭空间作业人员伤亡事故屡屡发生，我们在操作过程中一定要仔细观察，佩戴好防护工具，防止工作过程中对身体健康的伤害。

6. 夜班员工要警惕"神经衰弱"

神经衰弱是一类以精神容易兴奋和脑力容易疲乏，常有情绪烦恼和心理症状的神经性障碍。临床表现为头痛、头晕、入睡困难、失眠、多梦、精力不足、脑力迟钝、困倦疲乏、注意力不集中、记忆力减退、健忘、做事丢三落四、易激动、自制力差等。

由于工作性质的不同及工作任务的变化，许多人不得不在夜晚工作，白天休息。而白天睡觉时光线、环境安静程度等方面均与夜间不同，导致睡眠质量差，易产生疲劳、心理压抑等反应，久而久之，形成神经衰弱。经常熬夜也是一样，作息时间紊乱会直接导致大脑神经系统兴奋和抑制功能失调，长期下来，就会引起神经系统功能的衰退，造成神经衰弱。

预防和改善神经衰弱症状，可以从饮食、休息和药物三方面入手。

(1) 饮食调节

夜班族应注意增加营养，多吃含蛋白质高的食物，如瘦肉、鱼虾、蛋类和豆制品，保证身体有足够的营养供给。特别要注意补充维生素 A 的食物如动物的肝脏、蛋黄、鱼子等。另外，蔬菜中番茄、胡萝卜、红辣椒含有较多胡萝卜素，也可在体内转化为维生素 A，可适当多吃些。在上班前先补充维生素 B，维生素 B 能够解除疲劳，增强人体抗压力。如果需要提神的话，最好不要喝咖啡，可以喝绿茶，也可以用枸杞泡水喝，解压、明目。

(2) 充分休息

休息好是缓解神经衰弱的重要办法。睡觉时，一定要保持室内安静，最好关紧门窗，拉紧窗帘，减少室内光源。睡眠前最好洗澡，或用温水泡脚，不喝浓茶、咖啡等兴奋大脑皮层的饮料。保证每天6~8小时的睡眠。

（3）药物治疗

神经衰弱迹象严重的，要遵医嘱采用药物治疗。

神经衰弱不仅会使工作效率下降，还会使人体免疫力下降，从而诱发其他各种疾病。我们要预防"神经衰弱"，从各方面入手，确保自己在长时间上夜班的同时，身体健康不受影响。

7. 脊椎问题已成白领一族的头号"职业病"

脊椎病是白领一族较为常见的疾病，主要临床表现为颈部、胸背部、腰部疼痛，甚至牵连引发下肢疼痛，每当工作与学习紧张、过累或天气变化时均可加重症状。常见病种为颈椎病、腰椎病。常表现为不能直立、头痛、眩晕、视力模糊、记忆力下降、颈肩酸痛、食欲缺乏、反胃、呕吐、下肢无力，严重者可能导致瘫痪。

很多职场人从早上进入办公室就坐在椅子上开始工作，一坐几乎一整天，直到下班时也没起身几回。晚上到了家，不是看电视就是玩手机，又是几个小时坐着不动。相信大部分上班族都有过颈部、腰部疼痛的经历，随着越来越多的年轻人因为工作等原因久坐不动，脊柱疾病也越来越早地"找"上门了。这是因为长期久坐以及一些不正确的坐姿，让脊柱健康大大受损。颈椎病、腰椎病等脊柱病已成为城市中的"头号职业病"。

为了防止脊椎发生问题，办公族不要以同一个姿势久坐不动，要时常变换身体的角度，每坐一段时间要站起来走走。多做一些如瑜伽类的有氧运动，也可以避免脊椎、肌肉僵化。下面这些方法很有效。

（1）避免肥胖

肥胖会给脊椎带来过大的负荷，同时由于腹肌松弛而不能起到对脊柱的支撑作用，大腹便便，会迫使脊柱发生变形。

（2）学会放松

紧张可使血中激素增多，促使腰椎间盘肿大而导致腰痛。所以，心情愉快也是防治脊椎病的良方。

(3) 矫正坐姿

坐着时若身体向前弯曲,则会使腰背部的神经和肌肉受到牵拉而引起疼痛。所以,坐着时尽量使背部紧靠椅背,以使腰部肌肉得以放松和休息。写写停停,向后伸腰,也是预防腰痛的好方法。

(4) 睡硬板床

如果腰痛,将弹簧床等舒适的软床换成硬板床更好。

(5) 选择合适的运动

游泳是增强腰背肌力量的有效运动,对颈椎病、颈肩痛、腰膝关节痛都有很好的疗效。但是,跳水、打棒球、打高尔夫球或做体操却有增加腰痛的危险。收缩腹肌、伸展腰肌及散步、摇动腰部和骑自行车,都能防止或减轻腰痛。以下是几种减轻腰颈疼痛的锻炼方法。

双掌擦颈:十指交叉贴于后颈部,左右来回摩擦。

左顾右盼:头先向左后向右转动,感到酸胀为好。

前后点头:头先向前再向后,往前时脖颈尽量向前拉伸。

回头望月:双手叉腰,头颈转向身后(先左后右),观看身后天空中的月亮。

颈项争力:两手紧贴大腿两侧,两腿不动,头转向左侧时上身向右转;头转向右侧时上身向左转。

颈手争力:十指交叉紧贴在头后枕部,头颈用力后伸,双手用力向前顶。

双手托天:双手交叉举过头,仰视手背5秒钟。

转身回望:右腿前弓,身体向左旋转,右掌上托,左掌向下用力拔伸,回头望左手。然后换左腿,动作相同,方向相反。

旋肩舒颈:两手放在两肩,先由后向前旋转,再由前向后旋转。

双掌夹颈:头略微后仰,左手掌拿捏后颈部肌肉。然后换右手,动作相同。

平时在工作中注意保养,防护加食疗,即可有效地防治脊椎病。

8. 警惕"过劳肥"

"过劳肥",是指工作压力大,每天从早忙到晚,周末经常加班,辛苦工作,人不但没瘦,反而越忙越肥的现象。过劳肥对人体的伤害很严重。长期劳作,缺乏休息,容易导致"过劳死";积累太多脂肪在腹部,容易患上Ⅱ型糖尿病、高胆固醇、高血压、关节炎甚至是癌症。因为过劳而引起的肥胖让很多人觉得冤枉,明明辛苦,明明得不到很好的休息,为什么还在不停地长体重?导致过劳肥的原因大致有三种。

(1) 睡眠不足导致饥饿激素增多

有实验证明,睡眠对人的肥胖情况影响很大,睡得少或彻夜未眠,体内调控饥饿的荷尔蒙——"瘦素"就会发生显著的变化,让人感觉到强烈的饥饿感。而上班族频繁加班,该睡的时候没有好好休息,饥饿感让我们经常在半夜进食,摄入的热量自然消耗得少,而且饥饿感往往意味着进食过量,长期这样,形成了过劳肥。缺少睡眠不只会使人动作拖拉效率低,而且会拖慢人体的新陈代谢过程,造成身体消耗较少能量而发胖。

(2) 压力大,食欲增加

工作量大,人际关系紧张,竞争太强,这些都会让职场人感觉压力山大。压力过大容易导致胃蠕动及消化功能增强,增加人的食欲,同时体内脂肪容易转移到腹部,造成大肚腩。

(3) 不正当的起居饮食习惯

上班族平时工作辛苦,一到休息时间就窝在沙发上不想动,有的人甚至吃完饭还坐在沙发上懒得站起来。长期缺乏锻炼,运动量不足,不利于食物消化也容易囤积脂肪,导致肥胖。另外,上班族在职场上打交道的人多,经常会参加各种各样的饭局,饭局上的食物,多油多盐,脂肪含量高,喝酒是常事,这些都是导致肥胖的原因。

过劳肥不仅影响仪态,还伤害健康,让许多职场人无奈,那么如何解决过劳肥?同样需要从饮食和生活习惯上来应对。

(1) 选择低糖、低脂、高纤、优质蛋白的饮食

在平时的饮食中尽量多吃高纤维、高蛋白的食物。以五谷杂粮为主食,最好远离那些不健康的快餐,那些食物除了能让你暂时告别饥饿感,别无好处。牛奶最好选用脱脂奶,多吃蔬菜水果,有营养的食物不仅能填饱肚子,解除饥饿,还能减少热量的摄入,有利于减轻体重。

(2) 三餐定时,饮食不过量

不要盲目地认为不吃就能减肥。如果不吃早餐或者午餐,到下午的时候饥饿感会特别强烈,这样不仅有可能导致低血糖带来的不适,还有可能在下一餐时因为太饿而控制不住吃得过饱。一些诱惑性强的食物比如油炸食品、甜食会让你饥不择食,而身体里的新陈代谢也会成为致胖帮凶,长时间不进食,身体误以为人处于饥荒状态,新陈代谢自行"休眠"后,热量的消耗会越来越少,长久下来就会发胖。所以无论忙还是盲目地认为不吃能减肥,这都是错误的行为。保证每天三餐定时、定量才是最健康的饮食方法。

(3) 保持充足睡眠

无论你有多努力,工作永远都做不完。所以不要总是拿工作忙作为熬夜的理由,长期熬夜。即使加再多班,工作效率也不会高,保证充足的睡眠,反而是高效率工作的最好办法。每天至少保持7个小时的睡眠,不仅工作效率得到提高,人也会精神倍增。如果因为精神压力睡不着,可以尝试睡觉前泡个热水澡。睡觉前泡澡可以让自己全身都暖和起来从而放松身体。尤其是久坐、工作时间长、经常使用电脑的人群,下班后总是肩颈僵

硬、酸痛。如果能在热水中泡二十分钟，能感觉浑身轻松，忘记压力，促进睡眠。

（4）适当补充维生素

维生素能够维护神经系统稳定，促成体内各种代谢作用，并能调节内分泌。当觉得工作压力太大时，可以及时补充维生素 B 和维生素 C。

（5）适量运动

跑步是减压降脂健身最好的方法。无论你是在跑步机上还是在室外，坚持每天跑步，但不要急于求成，想三两天就瘦下来是不可能的。开始跑步时，微出汗就能起到健身的效果，然后每天循序渐进，最后每天坚持跑一万步。运动贵在坚持，因为明天时间比较紧就今天加大运动量是不对的，再忙，也要挤出时间来做个十分钟的锻炼，这样才会有好的效果。

9. 重视那些缠人的"白领综合征"

随着现代生活节奏的加快，处于职场的白领们随时处在高压状态下，一些随之而来的新型职业病不断地影响我们的工作，不提高警惕，很容易被这些看似无关紧要实际却危害巨大的"白领综合征"拖下泥沼。

（1）手机依赖征

手机依赖征顾名思义就是对手机的依赖成为了一种疾病的程度。手机没带在身边就心烦意乱，无法认真工作；一段时间手机铃声不响，就会下意识地看一下铃声设置是否正确；经常把别人的手机铃声当成自己的手机在响，脾气也变得暴躁起来；经常下意识地找手机，不时拿出手机看看，经常害怕手机自动关机，晚上睡觉也开着手机，半夜还要刷个朋友圈、看看群消息；当手机连不上线、收不到信号，就会非常暴躁和绝望，一分钟不拿手机就会觉得少了什么，焦虑难安……这都是典型的手机依赖征表现。

"手机依赖征"越来越普遍，却也越来越使人担心。它不仅会对人的心理产生巨大的影响，对健康也同样危害不小。有研究显示：在床上使用1个多小时手机等会发光的电子产品，生理周期将受到影响，并使睡眠处于浅状态。人体生物钟长期被打乱，则会影响新陈代谢、情绪、免疫力，导致疾病多发。长时间盯着手机屏幕会造成眼疲劳；长时间过度使用触屏手机，会导致手部关节、肌腱损伤性症状群，包括手指、手腕关节疼痛无力，动作不灵活等，形成所谓的"触屏手"。另外，长时间低头玩手机会造成颈椎、腰椎的损伤，引起关节酸痛、麻木、肿胀等。同时过分依赖手机，会使人错失和亲人朋友面对面交流沟通的机会，放下手机与人交流反倒会无所适从，使人的社会交往能力明显退化。

要减弱或消除"手机依赖症"，加强自身的自制力是很重要的一方面。多在现实生活中积极与人交谈，多读读书、看看报，通过自我约束逐渐减少不必要使用手机的次数，尽量将生活的重心从手机上转移。如果客观条件允许，最好多参加一些有益身心的活动，如听音乐、外出散步、郊游、健身等。如果对手机依赖过于严重，就要去看心理医生，以免影响正常的生活和工作。

（2）办公室综合征

有些人一进入办公室，就会感到胸闷头疼，越到下午，这些反应越严重。办公室的电脑、复印机、传真机都在运作，产生的臭氧、废气和辐射引起头疼、不适、精力减退、耳鸣、眼花及眼睛酸痛、思维迟钝……这就是困扰白领一族的新型职业病"办公室综合征"。要缓解这些症状，注意办公室多开窗通风。如果长期操作电脑，则应该在室内安装负离子发生器，同时饮食上要多补充富含蛋白质、维生素和磷脂类的食品，以增加抗辐射的能力。

（3）盒饭依赖征

工作节奏的加快，使都市白领越来越多地依赖盒饭，这给人们的健康带来隐患。因为经营盒饭的摊点，缺乏食品卫生条件和营养常识，常常使用浓重的调味品，经常食用这种盒饭容易上火，出现咽痛、口腔溃疡、牙痛、腹胀、便秘等症状。另外，对一些不新鲜的肉品多采用炸、煎的烹调方式，长期食用容易患上肠胃不调疾病。缓解办法是多自己做饭，做一些家常清淡的饭菜来吃，养胃而且有营养。

（4）时间焦虑征

时间焦虑症是指人们对时间的反应过于关注而产生的情绪波动、生理变化现象。时下，快节奏的现代生活，使都市白领感到时间越来越不够用，事业的专注使人对紧迫的时间感到焦躁不安、紧张过度，这样会引发心率加快、血压升高等症状。缓解办法是学会放松，别给自己太大的压力，同时对自己的工作做一个规划，尽可能在规定时间内完成，减少自己产生焦虑的可能性。

（5）肌肉饥饿征

该病主要是由肌肉本身新陈代谢能力低，肌肉纤维软弱，加上血管壁弹力差，血液供应差造成。最好防范措施是运动，如每天坚持散步1小时，早晚各做一次体操，工作中途再做1~2次肢体伸展运动，就可以防止肌肉缺氧。

（6）周一综合征

周末休息后，周一一上班就开始投入紧张的工作中，这让很多人感觉不适应，有的还会出现浑身酸痛、无精打采、工作效率低下的现象。特别是脑力劳动者在大脑松弛后，更难以很快紧张起来。许多单位习惯在周一开例会，做重大决策，讨论下一阶段的工作计划等，使人平添许多压力。

（7）夜餐综合征

夜晚支配胃肠道功能的副交感神经活动较白天强，胃肠对食物消化吸收能力也强，因而在夜晚经常进食过多的高热量食品，易引起肥胖、失眠、记忆力衰退、早晨食欲不佳等症状。

（8）光源综合征

长时间在过于明亮处办公会造成视神经疲劳，荧光灯发出的强烈光波可导致体内大量细胞遗传变性，扰乱生物钟，造成心理节律失调，精神不振。

很显然，无论是哪一种"白领综合征"，都是对我们工作和生活不利的。它们不仅会影响到我们的正常工作，还会严重影响我们的身心健康，职业病的最终结果就是拖垮我们的身体。

每个人都希望自己能在职场打拼出一片天地，这种心情不难理解，但是为了达到目的而不顾伤害自己的健康来换取，这种做法就太无价值了。健康才是我们最重要的财富，也是一切财富的基础，失去了健康，我们就等于失去了一切,别说是工作成绩,就连起码的工作我们也不一定有精力去做。这些"白领综合征"看起来虽然不会对身体造成重大伤害,也不像其他疾病一样骇人听闻,但如果长时间走不出这些职业病的怪圈,我们的健康就会亮起红灯,到真正身体不堪重负的时候,也许我们再警觉就晚了。所以为了健康,为了更好地工作,为了生活得更加精彩,一定要尽早调节,远离这些"白领综合征"。

第八章

及时防病治病，做健康活力的职场达人

职场人不仅要工作，更要健康地工作。健康需要精心呵护、用心维护才能拥有。这就需要我们要有高度的防病意识，无病早防，有病早治，把健康危害消灭于萌芽之中，确保身体健康，从而自由自在游刃于职场。

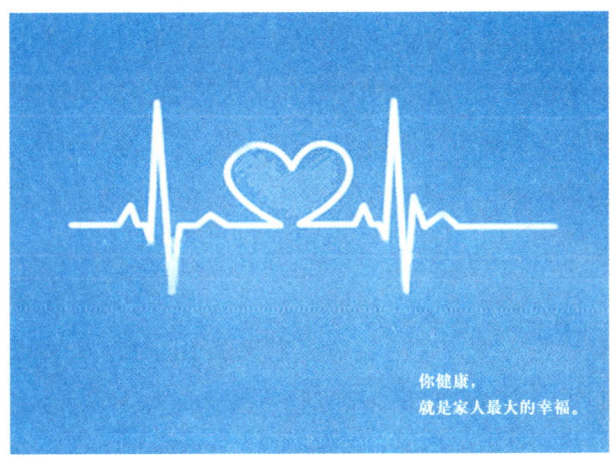

1. 经常体检，了解自己的身体状况

体检，即体格检查，是医生运用自己的感官、检查器具、实验室设备等来直接或间接检查患者身体状况的方法，其目的是收集患者有关健康的客观资料，及早发现疾病隐患。由于现代生活的节奏加快，人类疾病出现年轻化，一些原先认为只有中老年人才会有的疾病早早找上门来。有些疾病在早期并无任何明显症状，一旦疾病发展到出现明显的症状时，往往为时已晚，失去了最佳的治疗时机。要想保证健康，及早预防疾病，最好的办法就是定期对身体进行健康检查，及时发现疾病，及时治疗。

体检除了能够发现身体存在早期疾病外，还可以了解自己身体的基本状态和存在的不健康生活方式，以便在医生的指导下作出相应调整，并根据自身的条件来改变自己生活规律，如饮食习惯、运动和精神状态等等。通过体检早期发现亚健康状态和潜在的疾病，提早进行调整和治疗，对提高疗效，缩短治疗时间，减少医疗费用，提高生命质量有着十分重要的意义。

很多人自以为身体好，没有体检的必要，以至于小病拖成大病，到真正想要身体健康的时候，却已经让医生无能为力了。体检可按不同的年龄、性别、职业、身体情况等量身设计个性化体检方案。如长期在办公室的上班族应注意心脑血管疾病，体检时应针对高血压、冠心病、糖尿病等重点排查。不同年龄的体检切入点应有所区别，如中年人要强调血压、血糖、血脂检测，早期肿瘤的监测和眼底及前列腺检查。而女性应重视子宫、卵巢及乳房方面的检查。

那么如何做体检，何时做才是正确的呢？正常情况下，我们一年做一次常规体检就能基本保障身体健康。常规体检就是为了让自己掌握自身健康状况而进行的定期健康检查。常规体检内容主要包括三大部分：一是一般的体格检查，包括内科、外科、妇科、五官科的专科检查；二是功能检查，包括心电图、X光、B超（包括肝、胆、脾、肾和生殖系统）等影像学检查；三是化验检查，包括血、尿、便三大常规及血糖、血脂、肝肾功能、乙肝五项。此外，还有肿瘤三项（甲胎蛋白、EB病毒、癌胚抗原）检查等。对于身体没有症状、工作压力不太大及生活、作息、饮食较为规律的中青年人，只要接受常规性体检就可以了。主要体检项目包括：内科、外科、胸部透视、腹部B超、心电图和化验血、尿常规及肝肾功能、血脂两项、血糖等。

常规体检是健康体检，与疾病检查不一样。健康体检是对疾病的筛查，是身体健康或者还没有发现身体有所不适时所做的各项基本检查，目的是为了预防疾病。是医生从听、看、触等观察中发现身体是否异常；从影像检查中发现阳性体征，是从常规化验数据的量变中，寻找身体病变的早期信息；是在全面体检的基础上发现不健康的因素。常规体检只是对此时的身体状况作个评估，然后针对身体目前的状况来对生活或工作进行有效调整，体检以后对健康进行持续性的关注和管理。

很多人拒绝常规体检，一是感觉自己没有什么异样，另一种原因是一旦发现身体有疾病，反而会增加心理负担，影响家庭和工作，不愿检查，检查结果出来，又会对一些异样的数据产生恐慌，其实这些都是多余的担心。这时检查出身体内异样的数据，只能说明已经有了疾病的苗头，对于治疗而言，正是好时机。这种检查结果无论从财力，治疗和身体本身来说，都远比过几年后被病痛折腾再检查好得多。

还有些人体检出来结果有疾病的征兆，但从来不遵医嘱，不去治疗，也不复查，他们宁愿相信是检查失误，也不愿去面对体检结果。这类人其实是对自己的健康没有信心，对现代医学没有信心。还有的人总是忙忙碌碌，有谈不完的生意、加不完的班、做不完的家务、永远歇不下来的工作。他们也重视健康，也渴望自己能够健康，但一年一次的体检却总是抽不出时间。有点小病或者不舒服，扛一扛就过去了。用他们自己的话说是实在没办法，不敢停下来，因为家庭，因为孩子，因为个人要发展。其实他们不明白，只有自己健康，才能更好地工作，更好地照顾家人。现在不做健康体检，就只能等到以后做疾病检查。这种交换是不划算的，也是没有意义的。

随着年龄的增长，人的身体状况也在不断变化，进入中年以后，无论男女，专项体检项目都要不断增加。比如对心脏的检查；有高血压家族史的人要注重血压检查；糖尿病家族史人群要检查血糖。这些专项体检都能及时发现身体的变化，及早诊断，把疾病控制在早期治疗阶段。

体检是唯一能够准确了解自己身体状况的方法。一年一次的体检，不但能够检查出我们身体的异常情况，还能在体检后让我们放松心情，安心工作，是我们的健康好助手。

2. 在办公室备点常用药

无论是冬天还是夏天,办公室总会有一些人突发不适,或头痛发烧、或腹泻腹痛;有的还可能发生划伤碰伤的事情。所以在办公室备点常用药是必不可少的。这样既可以预防自己偶尔的不适症状,还可以帮助同事应对困难。一般来讲,备一些感冒药、退烧药、止痛药、治疗腹泻、防中暑及外伤包扎类药品就可以了。

(1) 感冒药

我们平时常见的感冒,最常见的是急性呼吸道感染性疾病,大多发生发展到一定程度后能自动停止,并逐渐恢复痊愈,不需特殊治疗,只需对症治疗或不治疗,靠自身免疫就可痊愈,但发生率较高,成人每年发生2~4次,儿童每年6~8次,全年皆可发病,冬春季较多。因此,家中常备感冒药是必需的。市面上感冒药的品种可以说是数不胜数,有中成药,也有西药。大致疗效也都差不多,但很多感冒药吃完后都有一种昏昏欲睡的感觉,这样不免会影响到工作,所以有很多感冒药都明确注明,高空或危险行业不宜服用。要注意选择适合自己的感冒药。一要对自己有很好的疗效,二要对自己的岗位工作没有影响。

(2) 阿司匹林

退烧药品种也有很多,效果各不一样,其中阿司匹林是最好的选择。阿司匹林是一种解热镇痛药。用于治感冒、发热、头痛、牙痛、关节痛、风湿病,还能抑制血小板聚集,用于预防和治疗缺血性心脏病、心绞痛、心肺梗死、脑血栓形成,应用于血管形成术及旁路移植术也有效。该药效果很好，但是也有较强的毒副作用，使用不当会对人体造成严重伤害。因此，即便办公室常备，也要在使用之前征求医生的建议。

（3）藿香正气口服液

藿香正气口服液为祛暑剂，具有解表化湿，理气和中的功效。主要用于外感风寒、内伤湿滞或夏伤暑湿所致的感冒，症见头痛昏重、胸膈痞闷、脘腹胀痛、呕吐泄泻、肠胃型感冒等。

（4）创可贴

创可贴是人们生活中最常用的一种外科用药。创可贴，又名"止血膏药"，具有止血、护创作用。由于它的结构的限制，创可贴只能用于小块的创伤应急治疗，从而起到暂时的止血，保护创面的作用。办公室里有可能削支铅笔或者裁张纸而划伤手指，所以，备点创可贴可以保护手指不受感染。但是应该注意，使用的时间不宜过长。如果过久地使用它，创可贴外层的胶布不透气，会使伤口和伤口周围的皮肤发白、变软，导致细菌的继发感染。这样就会使伤口恶化。

（5）风油精

风油精具有清凉、止痛、祛风、止痒等功效，用于蚊虫叮咬及伤风感冒引起的头痛，头晕，晕车不适。

（6）眼药水

经常坐在电脑前，眼睛难免干涩难受。备点眼药水在办公室，不舒服的时候点几滴，既可以缓解眼疲劳，又可以促进眼部营养、保持眼睛湿润。眼药水的种类也很多，办公室备用最好选用含滋润营养成分一类的。此类滴眼液可以清凉止痒，缓解眼睛干、涩、痒、痛、胀及异物感等不适。正确操作方法是将下眼皮轻轻拉起，将药水滴入下结膜囊内，然后滴在眼角处，避免直接滴入瞳孔，轻闭眼睛数秒，在滴完药水后轻压眼内角，防止眼药水经由鼻泪管流入咽喉，刺激胃肠道而产生不良反应。眼药水在开封后要尽快使用，即使保存再好，也最多使作三个月，一旦滴眼液出现原本没有的沉淀或变色，应该立即丢弃。

3. 应酬太多要警惕脂肪肝

脂肪肝是由多种疾病和病因引起的肝脏脂肪性变，目前在我国已成为第二大肝病。应酬多、营养过剩、工作压力大、运动较少等不良的生活习惯，正是导致脂肪肝的重要原因。调查显示公务员、销售人员、职场白领脂肪肝患病率高于一般人群的患病水平，是脂肪肝的好发人群。

应酬，是很多职场人的必要工作，特别是销售人员与公司高层，应酬更是工作的重点，每天来往于各种饭局，好酒好菜、大酒大肉，应对各种"拼酒"场合，虽然工作干出了成绩，但身体却被"酒肉"伤害，脂肪肝就是最明显的例子。说白了，脂肪肝就是吃喝出来的。

（1）吃出来的脂肪肝

上班族朝九晚五的生活不仅忙碌，也更辛苦。于是大多数人一下班就再不愿动弹，逢周末更是睡到自然醒才叫爽快。忘了运动，少了健康。平常社会交际多，应酬多，致使营养过剩，使脂肪肝和肥胖结伴而来。如果长期喝含糖量比较高的饮料或者吃过多热量高的食物，加上活动量较少，不能消耗体内多余的热量，就会导致体内过剩的营养转换成脂肪，储存在人体不该储存的部位，如腹腔、心脏等，包括肝脏。脂肪长期堆积于肝脏超过肝脏重量的5%，就发生了脂肪肝。

（2）喝出来的脂肪肝

社交活动过于频繁，就难免经常上酒桌应酬。特别是职场上的男性，更是把许多合作都融合在酒里。研究发现，连续5年以上每天摄入酒精超过40克的嗜酒者中，有48%的人会患上不同程度的酒精性肝病，如果持续饮酒 8 年，每日平均消耗酒精 227 克，则 33% 的人会患酒精性肝炎，14% 的人会患酒精性肝硬化。

酒精肝不仅使健康受到损害，工作也会受到不同程度的影响。许多职场人表示，明明知道这种生活习惯不对，也知道喝酒太多伤身，但是身处职场的岗位不同，实在是身不由己。怎样才能做到工作好，身体健康，远离脂肪肝？

（1）调整饮食结构

即使应酬，也要减少对高脂肪食物的摄入，不吃或是少吃动物性脂肪、甜食，多食用富含蛋白质的豆类食品，蔬菜、水果等高纤维食品的摄入也要相对地增加。

（2）加大运动量

用运动来消耗应酬中摄入的过多营养，跑步、仰卧起坐、健身器材锻炼都是可以的。如果饭店离家比较近的话，建议应酬结束后步行回家。

（3）减少饮酒

脂肪肝一般分为酒精类和非酒精类两种，但无论哪一种，都不能忽视酒精对肝脏的伤害。应酬上少喝是关键。不论对方客户对你有多重要，只要他是真心愿意与你合作，就一定不会拿酒来跟你较个高低。不顾生命劝酒的客户，就算是合作不成也无关紧要，生命毕竟比客户重要，比业绩重要。如今交管部门越来越重视酒驾，如果你想要在饭局中不喝酒，可以开车去赴宴，这样可以省去不少麻烦。

任何一种疾病都是可以预防的，酒精肝也一样。合理饮食，科学运动，酒精肝一定不会来打扰，我们的工作也一定会干得出色。

4. 饮食不规律及早防胃病

胃是人体的重要器官，胃的功能健全，内能营养脏腑，外能润泽肌肤，维持人体的生命活动。古人言：脾胃为后天之本。胃的主要功能是接受、储存摄入的食物，并通过胃的运动和分泌液将食物搅拌、消化、灭菌，形成食糜，然后再将食糜送入十二指肠以便进一步消化和吸收。

职场人饮食不规律可以说是常态。拥堵的交通、醒不过来的习惯、渴望多睡一分钟的欲望等许多原因让一些人根本来不及吃早餐就出现在办公桌前；午餐时不愿出门，叫个外卖草草了事；到了晚餐时间，却因为加班一拖再拖，久而久之，开始出现上腹胀痛、打嗝泛酸、恶心呕吐、饮食无味等症状，其实这是慢性胃炎的表现。慢性胃炎不仅有这些症状，还会通过神经反射严重干扰人体的自主神经系统，使得病人出现久治不愈的头痛晕眩、心烦失眠、记忆减退、多梦嗜睡等症状。

胃病初期的各种症状：

胃中总感觉难受，像发酵一般有难以说明的感觉，有的还兼有嗳气（打嗝）、恶心或感觉堵塞、胀满的症状。这是由于平时饮食没有规律，或饱或饥，有上顿没下顿，或饮酒，多吃肥腻油炸食品，伤了胃，不能正常消化吸收，日积月累形成的。

酸水上冲咽喉，还没有来得及吐出，又复咽下，好像咽了一口米醋似的，叫做吞酸。酸水直接从口中吐出的，叫做吐酸。其实吞酸、吐酸都是胃酸过多，病轻者可嚼花生米、桃仁或煮食萝卜片等，有助于缓解胃酸。

肠胃良好的人在食物已经消化之后，胃部触摸按压，一般是柔软的。

如果按之觉得发板发硬，或者有闷痛的感觉，这就叫做胃脘痞硬。实质是胃壁或胃的周围有炎症的反应。从中医上说可以分为水饮、湿热、胃虚、胃寒等几个类型。

有胀满症状，也就是撑胀不堪的表现，轻的只局限于胃部，而重的则能全腹膨胀，腹皮绷紧。胃肠疾病所致胀满多是肠胃充气所致。肠胃之所以充气是因为胃内或肠腔内的食物没有完全消化好，而且向消化道下端的传送力减弱，甚至停止，使胃肠内积存过量的气体或液体而膨胀。

防治胃病要从以下方面入手：

（1）忌长期精神紧张

长期精神紧张会通过大脑皮质影响自主神经系统，使胃黏膜血管收缩，胃功能紊乱，胃酸和胃蛋白酶分泌过多，导致胃炎和溃疡发生。

（2）忌过度劳累

无论从事体力劳动还是脑力劳动，都不能过度劳累，否则就会引起消化器官供血不足，胃黏膜分泌失调，从而导致种种胃病发生。

（3）忌三餐不规律

饥饱不均对胃有很大的伤害，饥饿时胃中空空，胃黏膜分泌的胃酸和胃蛋白酶很容易伤害胃壁，导致急、慢性胃炎或溃疡发生。暴饮暴食会使胃壁过度扩张，食物在胃中停留时间过长，这也容易造成急、慢性胃炎或溃疡，甚至发生急性胃扩张、胃穿孔。

（4）忌大量饮酒

酒精会使胃黏膜发生充血水肿、甚至糜烂出血而形成溃疡。长期饮酒还损害肝脏，会引起酒精性肝硬化，胰腺炎的发生也与酗酒有关，这些损害反过来又会加重对胃的伤害。

（5）多吃有益食物

饮食对胃的影响比其他各方面都大。那些容易消化又有健脾益胃作用的食物，应该经常吃，忌吃生冷、干硬和煎炒油炸的食物，如，生萝卜、柿子、油炸花生米、炸焦鱼、烧鸡等，亦不宜喝酒、浓茶和咖啡，这些可使胃酸增多,影响溃疡愈合。胃酸过多者,不宜食过酸的食物,如醋、话梅、柠檬、酸苹果,辣椒、芥末、胡椒等刺激性食物也不宜食用,它们可加重溃疡病情,引起上腹痛。

  胃病让人食不安寝不宁,是最折磨人的疾病之一。同时因为胃病的原因,使身体其他各个器官抵抗力下降,导致身体健康整体受到影响,我们平时在工作中一定要注意三餐饮食的规律,"食为天",吃饭比什么事情都重要,养好了胃,我们才能体力充沛地工作。

5. 远离"富贵病"

"三高症"是指高血压、高血糖（糖尿病）和高脂血症。它们是现代社会所派生出来的"富贵病"，可能单独存在，也可能相互关联。如，糖尿病人很容易同时患上高血压或高脂血症，而高血脂又是动脉硬化形成和发展的主要因素，动脉硬化患者血管弹性差加剧血压升高。所以，出现这三种疾患中的任何一种，后期都易形成了"三高症"。

（1）高血压的预防和调理

预防高血压情绪是关键。保持心情舒畅，避免大喜大悲，以平静的心情对待身边的"大事"，无论是喜还是悲，都不过分激动是血压平稳的主要原因。人在情绪出现大喜大悲时，交感神经就会兴奋，使心跳加快，外周血管阻力增加，舒张压明显上升，如此反复，血压升高，便会引起高血压病。

生活规律，积极运动可以远离高血压。一日三餐做到定时定量，起居有时。适当的运动锻炼，能舒筋活络，畅通气血，对预防高血压病有积极的作用。每天做些有氧运动，但每做一项运动都要注意运动量，循序渐进，持之以恒才能见效。

（2）高血糖的预防和日常调理

预防高血糖关键是做到"多懂、少吃、勤运动"。多懂，即对高血糖的知识多懂一点，对其危害多懂一点，对其预防措施多懂一点；少吃，就是让摄取的总热量少一点，不光是针对主食要少吃，其他副食特别是高热量的副食更要少吃；勤动，要经常保持一定的运动量。在控制饮食的基础上，再加上锻炼，身体就不至于过胖，不肥胖，高血糖的机会就会减少，控制体重是很重要的一条。

需要严格限制的食物主要包括：蔗糖、糖果、蜂蜜和含蔗糖较高的甜食及含糖饮料等。但是糖尿病患者没有绝对不能吃的食物，只是要讲究科学，做到时间、食用方法、食用量都合理就可以了。

高血糖患者以少吃多餐为规律。一日至少吃三餐以上，但每餐摄入总量不要过多，七分饱或者更少都可以，并在时间上规律，做到每餐既有主食也有副食，营养均衡但不超标。

（3）高脂血症的预防和日常调理

肥胖的人大多数都会伴有血脂过高，所以预防高脂血症的关键是控制肥胖。平时生活中要注意饮食结构，限制摄入富含脂肪、胆固醇的食物，如动物内脏、蛋黄、奶油、黄油及动物脑子，这些都是含胆固醇高的食物；选用低脂食物如植物油、酸牛奶等；增加维生素的摄入量如水果、蔬菜、面包和谷类食物等。除了饮食，运动也是控制体重的好办法。长跑、游泳、球类运动都可以达到减肥的效果，但运动需要坚持，短时间的运动是达不到减肥目的的。

"三高"很可怕，它会让人饱受病痛的折磨。愉快的心情、合理的饮食、科学的运动是远离"三高"的好方法，会让它躲得远远的，不敢纠缠我们。

6. 重视办公室流感的预防

流行性感冒（简称流感）是流感病毒引起的急性呼吸道感染，也是一种传染性强、传播速度快的疾病。其主要通过空气中的飞沫、人与人之间的接触或与被污染物品的接触传播。一般办公室人多且空气流通并不是很好，所以很容易被流感侵袭，尤其是秋冬季，气温变化快，昼夜温差大，一旦有人感冒，很快会传染给办公室其他同事。掌握预防办公室流感知识对于办公室的员工来说，是十分必要的。

（1）勤洗手

如果办公室内已经有人感冒，要尽量避开同事在你身边打喷嚏或咳嗽，同时要警惕自己不要与他们有过多的身体接触，比如在握手、交接东西时，最好先把手洗干净，与同事接触后立即再去洗手，如果身边有人咳嗽，要捂住口、鼻，避免飞沫传染。

降低接触办公室病菌概率的最好方法，就是经常性地彻底地洗手。患病同事打喷嚏或咳嗽时，你就可能接触到被感染的飞沫；如果用未曾洗过的手摸眼睛、嘴唇或鼻子，就有可能被传染，同时患病的同事使用过的电灯开关和电话也会传播病菌，所以在进出办公室前都应该先洗干净手，切断传播途径。

（2）保持室内空气流通，感冒高发期避免去人群聚集场所

密封的办公室使感冒菌和感冒病毒最易传播，办公室员工最好的习惯是一进门就打开窗户。如果是远离窗户的电脑室，则一定要使用空气清新器。一旦办公室里有多人感冒了，一定要提醒中央空调的控制者，及时让

空气流通,并加强办公室内的消毒和清洁。感冒高发期或者已经感冒,尽量避免去人群聚集的场所,因为那里可能有病毒感染源,就算是抵抗力再好,对于大面积的病毒细菌,也有扛不住的时候。

(3) 饮食调理

感冒的原因是因为劳累后人的抵抗力下降,在感冒期间或者感冒高发期最好不要食用一些生、冷食物。抵抗力下降后身体各个器官功能正在减退,平时吃一些生、冷食物也许并没有多大危害,但是感冒后吃就有可能引发肠胃疾病,加重病情。

患流感后,宜清淡饮食,进食易消化富含维生素的食物。同时应注意多饮水,以白开水为主。减少盐的摄入,食用咸食后易使致病部位黏膜收缩,加重鼻塞、咽喉不适等症状,而且过咸的食物容易生痰,刺激局部引起咳嗽加剧。过甜、油腻食物也最好不吃。甜味能助湿,而油腻食物不易消化,所以感冒后应忌食各类糖果、饮料、肥肉等。辛热食物易伤气灼津,助火生痰,使痰不易咳出;烧烤煎炸的食物气味刺激呼吸道及消化道,易导致黏膜收缩,使病情加重,而且也不易消化,这些食物都要禁食。

(4) 及时添减衣物

秋冬气候变化大,要注意保暖,若遇气温骤降或骤升,要及时添减衣物,以防时冷时热导致身体感冒。

(5) 中医预防

即使你警惕性再高,完全与办公室内细菌隔绝基本上是不可能的,当我们身边有同事感染流感病毒后,我们可以采用中医方法来预防。平时身体健康状况良好的可以采用金银花、大青叶、薄荷、生甘草,水煎服,每日一副,连服5天。体弱的人可以用党参、苏叶、荆芥,水煎服,每日一副,连服5天。

(6) 接种疫苗

流感是一种常见病,但杀伤力巨大,接种流感疫苗是一个不错的选择。疫苗不是万能的，但至少可以大大降低患流感的概率，使你避免感染潜藏在办公室的强势流感。同时健康是避开办公室病菌的重要前提，这意味着要规律生活、不熬夜、保证 8 小时睡眠、合理饮食等。

7. 高温天气防中暑

中暑是指在高温和热辐射的长时间作用下,机体体温调节障碍,水、电解质代谢紊乱及神经系统功能损害的症状总称。中暑是一种威胁生命的急性病,若不给予迅速有力的治疗,可引起抽搐和死亡,永久性脑损害或肾脏衰竭。人体核心体温达41℃是严重不良的指征,体温超过40℃的严重中暑病死率为41.7%,若超过42℃,病死率为81.3%。可见中暑不是小事,我们不能轻视也不能马虎。

(1) 中暑症状

中暑根据情况不同分为先兆中暑、轻症中暑和重症中暑三类。先兆中暑和轻症中暑表现为口渴、食欲缺乏、头痛、头昏、多汗、疲乏、虚弱、恶心及呕吐、心悸、脸色干红或苍白、注意力涣散、动作不协调、体温正常或升高等;重症中暑包括热痉挛、热衰竭和热射病。

热痉挛是一种高温中暑现象,在干热环境条件下劳动出汗过度,随汗液排出很多氯化钠发生肢体和腹壁肌肉的痉挛现象。热痉挛也可为热射病的早期表现。

热衰竭是由于大量出汗导致体液和体盐丢失过多,常发生在炎热环境中工作或者运动而没有补充足够水分的人中,也发生于不适应高温潮湿环境的人中,其表现为大汗、极度口渴、乏力、头痛、恶心呕吐、体温高,可有明显脱水症状,如心动过速、低血压或晕厥,无明显中枢神经系统损伤表现。热衰竭可以是热痉挛和热射病的中介过程,治疗不及时,可发展为热射病。热射病是一种致命性急症,病死率较高。

(2) 预防中暑的方法与措施

一要保持充足睡眠。夏天气温高，尤其是在中午时分，人们容易疲劳犯困，如果晚上休息不好，睡眠不充足，容易引起头痛、头晕。晚上保证充足的睡眠，中午睡个小午觉，不仅可以避开高温还可以养足精神，使大脑和身体各系统都得到放松，既利于工作和学习，也是预防中暑的好办法。

二是穿着要轻薄、透气。夏天本来就热，千万不要因为好看而穿着透气性不好，束紧的衣服。这样不利于皮肤呼吸，排汗不畅，夏天穿着的衣服应该选择质地轻薄、宽松和浅色的，如出门最好带上遮阳伞。

三要合理饮水，补充水分。口渴了再喝水是不明智的做法。高温酷暑的夏天，不论运动量大小都要及时补充水分，一旦出现口渴，就表明身体已经开始缺水了，所以即使不口渴也要喝水。最理想的是根据气温的高低，每天喝 1.5 至 2 升水。

四是注意补充盐分和矿物质。对于暴露在烈日下的工作人员，由于汗液的大量排出，可以通过饮用盐开水或含有钾、镁等微量元素的运动型饮料补充盐分和矿物质。最好不要喝冰冻过的水或者饮料，以免造成胃部痉挛；酒精性饮料和高糖分饮料会使人体失去更多水分，最好不要饮用。

五是注意饮食营养。夏天为预防中暑，饮食上应多吃清淡的食物少吃高油高脂食物，减少人体热量摄入。

六要室内避暑适度降温。中午是每天温度最高的时候，这时要尽量减少外出，在家中要通过空调、电扇来降温。如果气温达到 35 摄氏度以上，电扇已无助于调节人体的热平衡，则可通过洗冷水澡或开空调等物理方式来进行人体降温。

七要户外活动携带防暑药品。据统计，夏季 10 时至 16 时在烈日下行走，中暑的可能性是平时的 10 倍。因此夏天出行应尽量避开中午前后时段，户外活动应尽量选择在阴凉处进行并携带防暑药物，若出现中暑症状，应立即服用以缓解病情。

(3) 中暑后的救治方法

停止活动,在凉爽、通风的环境中休息,脱去多余的或者紧身的衣服。

用湿的凉毛巾放置于患者的头部和躯干部以降温,或将冰袋置于患者的腋下、颈侧和腹股沟处。

如果 30 分钟内患者情况没有改善,应立即送往医院。如果患者没有反应,开放气道,检查呼吸并给予适当处置。

对于重症高热患者,降温速度决定预后。体温越高,持续时间越长,组织损害越严重,预后也越差。因此降温是关键。体外降温无效者,要及时送往医院进行专业降温。

员工健康手册

8. 有病别拖，小病一拖成大病

人们说"小病不治，大病难医"，这话不无道理。大病之所以难医，是因为小病不治。很多人在身体最初发出信号，出现不适之症时，往往不以为然，觉得小病没什么，顶一顶，扛一扛就过去了。其实当身体某个部位发出信号时，就是提醒我们该去医院做个全面检查了，小病确实能扛过去一时，但对于一些顽固的慢性疾病来说，越扛越严重，到最后扛成了大病。不仅自己遭罪，也多花不少冤枉钱，实在是不划算。

媒体曾报道过一个小病不治成大病、白花不少冤枉钱的案例。

小病不治成大病的道理，杨某总算有了深刻体会。躺在武警北京总队医院骨外科病床上，他仍为自己舍不得花几元钱看病，结果延误了治疗时间懊悔不已。

前不久，杨某买了双大号皮鞋，早上穿上它出去办事，走到半路鞋把脚后跟磨破了，流了不少血。他没当回事，继续赶路。晚上回家时，他已经疼得走不了路，妻子劝他去卫生院看看，因为舍不得几元钱的诊疗费，他咬着牙没去。四五天后脚后跟发炎，脚肿得像馒头。又过了三天，伤口化脓、左腿变成了紫色，他这才不得不来到镇医院开刀放脓。四千多元的医药费让他非常心疼，伤口还没完全好，他就不顾医生的劝阻毅然回家疗养。

回家没几天，伤口又流脓了，并引发了静脉炎，被家人送到武警北京总队医院。医生切开大脓口，引出脓液，清除坏死组织，才算保住了他这条腿。躺在病床上，杨某后悔地说："就为省几块钱诊疗费，结果两次住院花费了近万元，真是得不偿失呀。"

可见，有病早治绝对是维护健康的重要一条。很多职场人总是以没时间、很忙、抽不出空为自己找理由。特别是中年阶段，正是各种疾病慢慢显露出来的年龄，很多人经常会出现头晕、乏力、胸闷、心悸、失眠、气短、胃痛、食欲差等状况，而且每天都会感觉很累，这是身体的各种指标下降的暗示，如果我们不及时检查，查出病因，由着自己的性子一直拖着，最终会被大病缠上。

有病要及时治疗，这是谁都明白的道理。但在实际生活中，我们有很多人却因为这样那样的原因，没有把这些不起眼的小病放在眼里，可恰恰是这些小病让我们的健康受到极大损害，有时甚至是致命的损害。很多因为很小的病导致生命离去的悲剧值得我们每一个人警惕。小病不治成大病的事例数不胜数，甚至有很多死亡病例都是因为小病未能及时治疗而导致的。

但是，生活中总是有很多人并不在意小病，生一点小病根本不去医院的人不在少数，也并非大家都不明白"小病不治会成大病"的道理，其中的原因很多，但最主要的不外乎三个：一个是经济因素，一个是时间因素，还有一个是认识因素。

杭州市疾病预防控制中心发布的一项调查显示，该市15.57%的城区居民有病不治，接近郊县（8.02%）的2倍。在这些有病不治者中，有近一半的人主要考虑经济因素、1/3的人是因为没有时间。

该调查是"杭州市成人行为危险因素调查"的项目之一，历时2年，共调查1000人，获得有效问卷938份。调查发现，"有病不治"者中，45.79%的人是考虑经济因素，33.64%的人是因为没有时间，4.67%的人是因为医院离居处或工作地点较远。专家分析，经济因素主要是"医疗保险普及率不高"和"看病贵"。在被调查对象中，城区有27.2%的人没有医疗保险，郊县高达43.1%。

※～～～～～～～～～～～～～

而在员工中，小病不治的比例更高。有七成员工生病后未能及时治疗，而是选择拖一阵再说，结果延误了病情。特别是农民工和私营企业的职工，小病不治者更多。不少民工未能及时到医院治疗的原因主要是看病费用太贵、家里更需要钱、工作收入及条件均不理想等，心想能拖一阵就拖。为此，不少患者因拖延让小病变成大病。

有许多的常见小病如果不治的话，都会演变成大病。如很普通很常见的感冒如果不及时治，就会引起很多严重的并发症，如急性眼结膜炎，俗称"红眼"或"火眼"，眼有异物感、灼热感、分泌物增多，常有视物模糊，晨起时因分泌物结成干痂而无法睁眼；结膜充血，重者可并发角膜点状浸润，导致视力下降。

有病一定要治，越是小病越不能大意，小病不治，久拖必成大病，最终不是致残，就是导致死亡。只有把小病治好了，才能有效地防范大病的发生。千万不要为省钱或是以忙为借口拿自己的生命和健康开玩笑，那样只会让我们后悔，空留遗憾，徒增叹息。